好きなことだけして生きていけ

人生を後悔しないために必要な49の習慣

千田琢哉

PHP文庫

○本表紙図柄＝ロゼッタ・ストーン（大英博物館蔵）
○本表紙デザイン＋紋章＝上田晃郷

Prologue 01

好きなことで成功している人に出逢って、打ちのめされよう。

「どうしたら好きなことを仕事にできますか？」
「どうしたら好きなことで成功できますか？」
これまで多くの人たちから浴びせられた質問だ。
確かに現在の私は好きなことで人生を埋め尽くしている。
「〇〇しなさい」「〇〇すべきだ」と
いちいち口うるさく命令する上司もいない。
毎日眠くなったらすぐ寝て、
もうこれ以上眠れないというくらい熟睡して起床する。
目覚まし時計なんて不要だから、もう何年も前から持っていない。
起きている間は好きな物を食べ、好きな場所へ行き、好きな執筆をして、
その時一番やりたいと直感したことを淡々とやって生きている。
常にルンルン気分でいるから、そうでない人にとっては
〝ありえない〟人生を送っているように見えるかもしれない。

この本の単行本当時の担当編集者も、
私と出逢った際の印象ありのままを表現して
企画を運んでくれたようだった。
書斎での完璧な自由人の私の姿を見て、
「ああ、本当に好きなことで人生を埋め尽くしている」と、
一次情報として感じたのだ。
どうしてこんな人生になったのかは、私自身が一番よくわかっている。
これまでの人生で好きなことで成功している人に出逢い、
とことん打ちのめされてきたからだ。
サラリーマン時代には3000人以上の経営者と付き合ってきたが、
その中には好きなことだけをしながら、
桁違《けたちが》いの成功を収めている人も数多くいた。
サラリーマンだった私は、

成功者を日《ま》の当たりにするたびにショックを受けながらも、
成功者の考え方や行動の習慣をつぶさに観察してきた。
日々の習慣が人生をつくっているのだから、
習慣を真似すればいいと考えた。
真似した結果が、今の私だ。
最初からすべてを真似しようとか、理解しようとか、力《りき》む必要はない。
あなたの本能にピン！　と触れたものを、
とりあえずひとつだけ試してみればいい。
すべてはそこからはじまる。

南青山の書斎から　千田琢哉

好きなことだけして生きていけ　目次

Part 2

成功者は、いかにして好きなことを見つけてきたのか

Part 3

それを仕事にしても好きでいられるか

Part 4

今すぐやめたい無駄な習慣

Part 5

今すぐはじめたい成功習慣

Part 6
「好きなこと」を「お金」に変える技術

Epilogue

Part 1

君のやりたいことは、本当に好きなことなのか

02

好きなことをやっていると、月曜の朝が待ち遠しくなる。

日曜日の夕方になると憂鬱《ゆううつ》になる人は多い。

「明日からまた仕事か」

「明日また会社に行かないといけないのか」

そんな暗い気分に襲われる。

それではせっかくの日曜日も後半は台なしになってしまう。

何を隠そう、私自身もそうだったからよくわかる。

日曜日の夜に大好きなアニメ番組『サザエさん』を観賞しているうちに、徐々に気分が暗くなってきたものだ。

内容はほのぼのとしてとても楽しいのに、ふと我に返って現実を直視すると、明日から地獄の人生がはじまると思い、どんよりした気分になった。

日曜日に誰かと会っていても、

夕方以降になると「明日からまた仕事か」という会話になる。

「明日からまた仕事か」のひと言で、自分も周囲も暗い気分になる。

こんな人生から抜け出したいと思っているうちは、まだいい。

次第に感性が麻痺《まひ》してきて、「所詮《しょせん》、人生なんてこんなもの」「人生はがまんだ」といった、悟りの境地に達しているサラリーマンも多い。

ところが、仕事でお付き合いさせていただいた成功者の中には、「休日が嫌いだ」「月曜日の朝が待ち遠しい」と、真顔でいってのける人が複数いた。

最初は冗談だとか、強がっているのだと思っていたが、決してそうではなかった。

なぜなら、それを語っている時の成功者の顔は、少年少女のように無垢《むく》な笑顔だったからだ。

どうせ奇跡的にこの世に生まれてきたのなら、日曜日の夕方に憂鬱になる人生より、月曜の朝が待ち遠しい人生にしようと決断した。

月曜の朝が待ち遠しい人生とは、あなたにとってどんな人生だろう。
現在の延長線上にその人生がないのなら、
今すぐできる小さなことはなんだろう。
○・一歩でもいいから、
月曜の朝が待ち遠しくなるための行動を起こそう。

日曜の夜に憂鬱になる人生とおさらばして、
月曜の朝が待ち遠しくなるために小さな行動を起こせ！

03

「好きなこと」の最大の敵は、

「別にどっちでも」。

好きなことをやりたいけれど、自分の好きなことがわからないという人は多い。
冗談ではなく、これまで好きなことをやっていなかったから、
好きなこととはどんなことなのかが、わからなくなってしまったのだ。
他人の敷いたレールの上を歩み続けてきた人は、それが外された時に、
「ところで自分が好きなことってなんだろう」
と先が見えなくなってしまうのだ。
「さあ、好きなことをなんでもやってもいいよ」
そういわれると一番迷ってしまうのが、
順風満帆《じゅんぷうまんぱん》の人生を歩んできたエリートだ。
ここでドキリとしたあなたは、
まだ好きなことで人生を埋め尽くせる可能性がある。
好きなことを遠ざけてしまう悪魔の言葉は、「別にどっちでも」だ。
「別にどっちでも」というのは、自分では何も感じられない頭の不感症だ。

頭の不感症は、それはそれで楽チンかもしれないが、放っておくとそれが癖になって、どんどん不感症が酷《ひど》くなっていく。感性の鈍い人間は、感性の鋭い人間に都合のいいように利用される。夢も目標もない人間に、夢と目標を与え続けるのは、コントロールするのにもってこいなのだ。

エリートが怪しい宗教団体で、信じられないくらい簡単にコントロールされるのも、自分では見つけられない夢と目標を与えてもらえるからだ。

「別にどっちでも」という言葉をあなたが発するたびに、周囲にコントロールしたがる人間がドッと群がってくる。

「別にどっちでも」は、

「どうぞ私を好きなようにコントロールしてください」

という非常にわかりやすい自己PRだ。

もし、あなたが本気で幸せな人生を歩みたいのであれば、
「こっちが好き」「どっちもイマイチ」というように、
好き嫌いをハッキリさせていくことだ。
もちろんそれが人を傷つける場合には、わざわざ声に出していう必要はない。
ただ、自分の心の中だけは正直でありたい。
どんなに些細《ささい》なことでも好き嫌いをハッキリさせる習慣にすれば、
次第に感性が研《と》ぎ澄まされていくだろう。

好き嫌いをハッキリさせて、
自分の心に正直に生きろ！

04

親の期待に応えることが、
好きなことではない。

自分の好きなことと、他人が好きなことを同じにしている人は多い。
特に自分が認められたい人が気に入ってくれそうなことを、
自分の好きなことと思い込んでいる人がいる。
義務教育まではそれでもいいだろう。
親ほど子どもの将来を真剣に考える存在はいないだろうし、
基礎・基本は大切だと私も思う。
ところが、そのままの価値観で就職し、結婚し……と歩み続けると、
ある日突然ポキリと折れる瞬間がやってくる。
「自分と親とは別の人間だ」という、あたりまえの事実に気づかされる。
実際に、私の周囲にいたエリートたちに、そうした人は多かった。
名立たる大企業に就職したにもかかわらず、
周囲がアッと驚くような中小企業に転職した人が、
あなたの周囲にいないだろうか。

あるいは絶対安定といわれた公務員をあっさり辞めて、ベンチャー企業を立ち上げたり、農業を営《いとな》んだりした人も私の周囲にはいる。第三者から見たらドロップアウトや挫折と思われるかもしれない。だが実際に当事者たちと対話してみると、イキイキしながら話をするのだ。最高の笑顔で、「ようやく自分の人生を歩むことができました」「今までは学校の先生や親のラジコンだったと気づかされました」と、嬉々として語ってくれた。

経営コンサルティング会社に転職してくる人材には、大企業出身者も多い。実際に転職してみたものの、経営コンサルタントという仕事に馴染《なじ》めず、さらに転職を繰り返す人は珍しくなかった。

それでも、彼ら彼女らが転職を後悔しているとは、私には到底思えなかった。

「転職したらどうなるのだろう……」

と想像を膨《ふく》らませるだけで一生を終えるよりも、

実際に転職して自分自身で確認できるほうが幅広い人生を味わえるからだ。
自分で自分の人生を生きている人間は、
「やらなかった後悔」ではなく、「やっちゃった後悔」をする。
死に際に「やっちゃった後悔」をする人が、幸せな人生を謳歌《おうか》した人なのだ。

どうせ後悔するなら「やらなかった後悔」ではなく、
「やっちゃった後悔」をしろ！

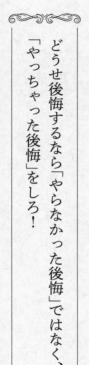

05

四《し》面《めん》楚《そ》歌《か》の状態は、好きなことのチェックテスト。

好きなことを貫くと、周囲で反対する人が必ず出てくる。

「苦労して大学に入ったのに……」

「せっかく就職したのに……」

「せっかく結婚したのに……」

うっかりすると、周囲が全員反対者になっていることもある。

まさに全員敵だらけの四面楚歌の状態だ。

こんな場合、100人中99人は周囲に迎合する。

「いわれてみればそうだよな……」

「自分がどうかしていた……」

そう納得して、もとの退屈な人生に舞い戻っていくのだ。

考えてもらいたい。

100人中99人の意見に従うということは、

100人中99人のような人生を歩む選択をしたということなのだ。

あなたの周囲の100人中99人は、どんな人生を歩んでいるだろうか。
嫌いなことで人生を埋め尽くしている人ばかりなら、あなたもそうなる。
社交辞令を連発して、
何ひとつ成し遂げられていない人ばかりなら、あなたもそうなる。
模範解答を主張して、暗い顔をした人ばかりなら、あなたもそうなる。
それを選んだのは、他の誰かではなくあなた自身だ。
現在好きなことで人生を埋め尽くしている成功者たちは、四面楚歌の状態で、
100人中99人の意見を却下して自分を貫いた人たちなのだ。
100人中99人に反対されてでも自分の好きなことを選んだとすれば、
それがあなたの本当に好きなことなのだ。
四面楚歌の状態は、好きなことをやる資格があるか否かの
神様から与えられたチェックテストなのだ。
退屈な人生の群れから抜け出す瞬間の賛同者はたった1人、自分だけ。

この緊張感を楽しめた人間だけが、
大好きなことで人生を埋め尽くせる。
まあ100人中1人といっても、
日本だけで100万人も仲間がいるのだが。

100人中99人に反対されても、
やりたいことを貫いてみろ！

06

好きなことは、
修行そのものが楽しい。

修行が嫌いだという人は多い。

修行は好きなことをやるための手段にすぎないと考える人が多い。

だがその考え方はもったいない。

なぜなら、人生では本番よりも修行の時間のほうが圧倒的に長いからだ。

本当に好きなことに打ち込んでいる人は、修行そのものも楽しめる。

本番も楽しむが、修行も楽しむ。

一粒で二度おいしい人生を歩むことができるとは、まさにこのことである。

例えば、私の出版という仕事を例に考えてみよう。

出版の仕事で本番といえば、本が書店に並ぶ発売当日のことだろう。

この売れ行きで一喜一憂するのは、仕事に関わった人間ならあたりまえの話だ。

一冊の本を世に送り出すためには、途轍《とてつ》もない手間がかかる。

一例を紹介すると、こんな感じだ。

出版社が企画を練り上げ、その企画にピッタリの著者に編集者が依頼する。

成功して忙しければ忙しいほど、著者に断られる可能性も高い。
書いてくれることになった著者に辿《たど》り着いたとしても、
意見が食い違ったり、お互いの都合が合わなくなったりして
話が白紙に戻ることも珍しくない。
ようやく著者に原稿を書き上げてもらったら編集作業に入り、
編集者と著者の加筆修正の泥臭いキャッチボールだ。
編集者は魅力的な本をつくれるように、
カバーや中身のデザインをデザイナーと一緒に考える。
同時に、営業社員にたくさん売ってもらえるように社内を巻き込んでいく。
営業社員は全国の書店やネット販売会社に
できるだけたくさん仕入れてもらい、
いい場所に陳列してもらえるように交渉を繰り返す。
以上のプロセスを経て、ようやく書店に並ぶのだ。

本が書店に並ぶのは、
本番というよりプロセスの一部にすぎないと私は思う。
プロセスを楽しめなければ、好きなことをしているとはいえない。
私にとっては、書く時間そのものが至福の瞬間なのだ。

本番だけではなく、
そこまでのプロセスを至福の時間にしろ！

07

つい前倒ししてしまうことが、
好きなこと。

自分が好きなことをしているか否かは、
仕事のやり方をみていればよくわかる。
大好きなことを仕事にしている人は、
すぐにやってしまうから締め切りを大幅に〝前倒し〟してしまうのだ。
まるで空腹状態のライオンが獲物を貪《むさぼ》るように、
あっという間に仕事を平らげる。
すべてにおいて〝前倒し〟だから、
スケジュールはいつも白紙で自由でのびのびと人生を謳歌している。
嫌いなことを仕事にしている人は、つい後回しにしがちだから、
締め切りギリギリに仕上げようと〝後倒し〟にする。
いつも締め切りギリギリで仕事を片付けていると、
いずれどこかで調子が狂った際に締め切りを守れなくなる。
〝後倒し〟人生の集大成は、

すべての締め切りを守れなくなって信頼を失墜《しっつい》させることだ。
好きなこと三昧《ざんまい》で生きている私の仕事のやり方はこうだ。
「来月まで」と約束したら、遅くとも「今月中」に仕上げる。
「来週まで」と約束したら、遅くとも「今週中」に仕上げる。
私の書斎に出版依頼に来てくれた初対面の編集者からよくいわれたセリフは、
「ゴーストライターの方にもお伝えいただけますか？」というものだった。
最初からゴーストライターがいるという前提で、
話をしてくる編集者も多かった。
私が「ゴーストライターはいませんが……」といっても、
「え⁉ それは無理でしょう」と疑われてしまう始末だ。
実際に仕事がスタートして、私が5日以内で完成した原稿をメールした時点で、
「確かにこんなに早く書き上げるライターはいません」
とようやく信じてもらえた。

これだけは誤解してもらいたくないが、私は書くスピードが速いわけではない。
すべての仕事を前倒しにしているから、朝起きた時に仕事が何もないのだ。
出版依頼されて、
「お忙しいでしょう。今、何社からオファーがきていますか？」
と質問されたら、「15社です」とそのまま正直に答える。
でも、その15社の原稿はとっくに仕上げているから、
いつも暇で仕方がないのだ。

スケジュールはいつも白紙の状態を目指せ！

08

本当に好きなことをやっている人は、落ち着いている。

精神的に不安定な人は、不幸だ。

見かけは成功者に見えても、

いつもイライラしているということは不幸な証拠なのだ。

どうしてイライラするのか。

好きなことをやっていないからである。

本当は嫌いなことをやっているのに、

好きなことをやっているふりを演じている人も、イライラしている。

また、やたらハイテンションで、「私は仕事が好きです！」

「仕事が楽しくて仕方がない」と叫んでいる人は、

本当はたいして仕事が好きではない。

威勢のいい新入社員や転職者の自己紹介でも、これは当てはまる。

大声で「誰にも負けないようにがんばります！」と叫ぶ人は、

その日をピークに無能さをさらけ出すことになる。

自信のなさの裏返しともいえるが、
それ以上に好きなことに出逢えていない不安が大きい。
好きなことじゃないから、がんばらないといけないし、
負けないようにと、つい肩に力が入ってしまう。
本当に好きなことは、がんばるという意識もなく勝手にがんばるし、
負けないように意識しなくても最大限の力を発揮する。
心から仕事が好きな人は、わざわざ自分から
「私は仕事がこんなに好きです」と周囲にアピールしない。
本当に好きなことをやっている人は、落ち着いて淡々と仕事を味わっている。
好きなことに打ち込んでいる人は、精神的に安定している。
あなたは大好きな読書を楽しんでいる時、
誰かに負けないようにとがんばっているだろうか。
あなたは大好きな食事を楽しんでいる時、

誰かに負けないようにとがんばっているだろうか。
そんなことはないはずだ。
落ち着いた人生を過ごせるように、
本音で好きなことに没頭しよう。

「自分はがんばっている」とアピールしなくても
いいことが、好きなことだ！

09

「好きなことを取るか、お金を取るか」の議論は、無駄。

世の中には間違った二者択一を好む人が多い。

「成功を取るか、幸せを取るか」

「仕事を取るか、家庭を取るか」

「好きなことを取るか、お金を取るか」

これらは嫌いなことをがまんしながらやっている人の典型的な発想のしかたである。

すぐに熱くなって「〝A〟ｏｒ〝B〟（AかBのどちらか一方）」を迫ってくる。迷惑千万《めいわくせんばん》な話だ。

好きなことをやっている人の発想はこうだ。

「幸せな成功者になろう」

「仕事で成功しながら、愛情溢れる家庭も築こう」

「好きなことでお金持ちになろう」

「〝A〟ａｎｄ〝B〟（AもBも獲得する）」を考えて、いつもワクワクしている。

もともと対立しなくてもいいのに無理に対立させようとしていると、不幸な人生に突入してしまう。

一見対立しているようにみえるものを、どちらも包括《ほうかつ》するように一体化させようとすれば、幸せな人生を歩むことができる。

「好きなことができれば、貧乏でもいい」

平気でそんなことを口にする人がいるが、あなたのその口癖があなたの人生をつくっていくから要注意だ。

好きなことを思い切りやるためには、お金はないよりあったほうが絶対にいい。

お金があれば、大好きな環境で大好きな人たちに囲まれながら生きていける。

好きなことでお金持ちになったことがないから

「貧乏でもいい」なんていえるが、

実際にお金の力を知れば、その考えは一変する。
お金がたくさん入ることによって、ますます好きなことに力が入る。
好きなことを趣味程度でやって100万円も稼げない人と、
好きなことで1億円ドカンと稼いだ人とでは、もはや人生のステージが違う。
金の亡者はつまらない人生だが、貧乏も同じくらいにつまらない人生だ。

二者択一ではなく、
総取りする発想をもて!

Part 2

成功者は、いかにして好きなことを見つけてきたのか

10

母親のひと言は、意外に本質を衝《つ》いている。

好きなことをしている時の人間の表情は、一番輝いている。
オーラを発しており、近寄り難いものがある。
今は「好きなこと＝才能」とはハッキリしなくても、
必ず好きなことの周辺に才能があるものだ。
常軌を逸するほど絵を描くことが好きだった人は、仮に画家にならなくても、
デザイナーやイラストレーターといった、
絵を描くことの周辺で才能を発揮する。
常軌を逸するほど歌うことが好きだった人は、
仮に歌手にならなくても、作曲家やラジオのパーソナリティといった、
歌や声を出す世界で才能を発揮する。
これを身近で一番よく観察しているのが、じつはあなたの母親だ。
母親は、幼少の頃からあなたの長所も短所も知り尽くしている。
多少親バカな部分もあるだろうが、あなたが真剣な眼差《まなざ》しで

「自分は何をしている時が一番輝いていたか？」

と質問すれば、真面目に答えてくれるだろう。

私も、母親から未来のヒントをもらった。

大学を卒業して、就職先の研修のために明日出発するという日の晩にたまたま教えてもらったのだ。

「あんたは研究者に向いているような気がする」

当時は、これが明日からサラリーマンとして巣立つ息子に向かっていうセリフかと、心底呆れ返ったものだ。

確かに学者養成を目的にした学部で、大学院進学率も高かったが、入学早々研究者たちを目の当たりにして、自分には一番不向きな世界だと確信した。

たまに講義で学生と会話することを除き、研究室と図書館を往復して論文を書き続ける学者人生は、とても私には耐えられそうになかった。
だが母親の的外れと思えるその言葉は、
その後もずっと頭の片隅に残っていた。
結果として今、あれほど嫌っていた研究者と瓜二つの生活を送っている。
すべてを削ぎ落とした結果、ふと気がついたらそうなっていた。
母親のひと言は、決して侮《あなど》れないのだ。

好きなことを見つけられなかったら母親に訊《き》いてみろ！

11

好きなことの片鱗《へんりん》は、
小学生の頃に
すでにやっている。

成功者たちにインタビューすると、
小学生の頃からやりたかったことをそのまま延長でやっている人が多い。
筋金入りの文章好きは、小学生の頃から勝手に自分で新聞を発行していた。
筋金入りの仕切り屋さんは、小学生の頃から気づいたらいつもまとめ役だった。
筋金入りの職人は、小学生の頃から自転車を分解して組み立てていた。
小学生の頃、自分が没頭していたものが本当に好きなことなのだ。
もちろんプラモデルに没頭していたからといって、
プラモデルに直接関わる仕事で成功するとは限らない。
だが手先の器用さを活かした仕事で、成功する可能性が高いだろう。
メーカーの工場で、設計図を一目みただけで瞬時に構造を把握して、
ものの見事に製品を組み立ててしまう人がいる。
これは凄《すご》い才能だ。
普通の人は、何度設計図を確認しても間違えるし、

何度間違えてもなかなか覚えられない。
これまでの人生で、他人の半分の努力で、
他人の倍以上の成果をあげられたことを思い出そう。
きっとそれに打ち込んでいる間は、我を忘れてのめり込んでいたはずだ。
それがあなたの伸ばすべき才能だ。
他人の倍以上努力して、やっと人並みの成果をあげたことは忘れてもいい。
きっとそれに打ち込んでいる間は、
時間が経つのが遅く、とても辛く感じたはずだ。
それは他人に譲るべき才能だ。
「才能と好きなことは必ずしも一致しない」とは、しばしばいわれることだが、
それは大人たちに強制されたことが、トラウマになっている可能性が高い。
もともと勉強が向いている子どもに、
勉強を強制すると嫌いになってしまう。

人は強制されることは、
他のすべてを凌駕《りょうが》して嫌いになる本能があるからだ。
最初大好きだったのに大嫌いになったことは、
きっと誰かに強制されたからだ。
強制されて嫌いになったことも、
大人になってから再チャレンジしてみよう。

他人の半分の努力で、
倍以上の成果をあげたものを思い出せ！

12

「まるで子どものようだ」といわれることが、好きなこと。

あなたが何かに打ち込んでいる時、「まるで子どものようだね」と笑われた経験はないだろうか。きっとあるはずだ。

いい大人が子どものようにのめり込めるのは、すばらしいことだ。そして「まるで子どものようだね」と笑われたことは、あなたの大好きなことではなかっただろうか。

私はサラリーマン時代に成功者たちの話を聞いていると、よくこんなことをいわれたものだ。

「君、まるで子どものように一生懸命話を聞くね」

私は現在、編集者から持ち込まれた企画に対して何も考えずに「よし、やってみよう！」と即答すると、よくこういわれる。

「千田さん、まるで子どものように無邪気に引き受けますが大丈夫ですか？」

「子どものようだとはなんだ、失礼じゃないか！」とキレる人は、好きなことをやっていない人だ。

「まるで子どものようだ」というのは、紛《まぎ》れもなく褒《ほ》め言葉なのだ。

あなたは最近、「子どものようだ」といわれたことがあるだろうか。

思い出せないなら、かなり危険信号だと考えよう。

女性が男性に対して惚《ほ》れるのは、〝子どものように〟没頭している姿である。

〝子どものように〟没頭している姿を見ると

母性本能をくすぐるというのもあるが、雄《オス》の本能の強さを感じ取るのだ。

雄の本能が強ければ強いほど、

自分や子どもを守ってくれる可能性も高いだろうと考える。

その反対に、「まるで子どものようだ」

といわれなくなったら人間はおしまいだ。

周囲から見て、それほど退屈な人間はいない。

退屈な人間には、人もお金も集まってこない。

もちろん、退屈になってしまった理由は
好きなことを放棄して生きてきたからだ。
「まるで子どものようだ」といわれるのを目標に、
熱中できるものを思い出そう。

子どものように没頭できるものを思い出し、
実行してみろ！

13

あえて大嫌いなことを続けてみる時期も必要。

どうしても好きなことがみつからない、
思い出せない場合には、どうすればいいのだろうか。
あえて嫌いなことをやってみるのだ。
それも大嫌いなことであればあるほどいい。
大嫌いなことを続けているうちに、
自分が絶対にやりたくないことがみえてくる。
尊敬もしていない相手に頭を下げるのが、死ぬほど辛い。
毎日決まった時間に満員電車で通勤することが、死ぬほど辛い。
上司とはいえ、命令されることに大きな違和感がある。
現在のワンマン社長の下で働く以外なら、もうどこへ行ってもいい。
以上のような経験は、他人と比較して考える必要はない。
それでは「みんなも同じでがまんしている」となって、
「だから私もがまんしよう」という、

好きなことをする人生とは正反対の最悪の結果に落ち着いてしまう。

他人との比較は一切無視していい。

あくまでも、自分自身で感じたことがすべてだ。

すると不思議なことが浮き彫りになってくるはずだ。

一見わがままに思えたような内容を取り除いていくと、

自分が理想とする働き方が浮き彫りになってくるのだ。

尊敬していない相手に頭を下げないためには、

嫌いな客をすべてカットするとか、

独立して自分が好きな相手とだけ仕事をする、といった道がみえてくる。

毎日決まった時間に通勤したくないというのであれば、

フレックスタイム制の会社に転職するか、

独立してフリーランサーになる道がみえてくる。

命令されるのが大嫌いなら、

これはもう独立開業以外に道はないという事実がみえてくる。
ワンマン社長の下で働くのがどうしても嫌なら、
そうでない会社に転職する道がみえてくる。
人生のある時期に大嫌いなことをやっていたおかげで、
本当に自分が好きなことに巡り逢えたという成功者は多い。

どうしてもがまんできないところを取り除いてみろ！

14

「やりたい！」と思ったら、
もう動いている。

好きなことをやって成功している人たちの行動を見ていると、
普通の人たちとは明らかに異なる点がある。
感じてから動くまでのスピードが、圧倒的に速いのだ。
速いというよりゼロ秒、
いやゼロ秒というよりフライングスタートをしている。
「やりたい！」と感じたら、
後半の「……たい！」に被《かぶ》ってもう動き出している。
じっくり考えてから動くのではなく、感じたら即動いている。
これこそが、好きなことで人生を埋め尽くしていくコツだったのだ。
もちろん、ちゃんと考えてから動かないと痛い目にも遭《あ》うだろう。
ちゃんと考えた上でしか動かない周囲の優等生たちと比べれば、
特に初期の頃は失敗も多く、落ちこぼれ扱いされるかもしれない。
ところが動かないと学べないこともある。

どんなに分厚いマニュアル本を読んでも、微妙なニュアンスの一次情報だけは動いた人間にしかわからないし味わえない。

おいしいラーメンについての説明を10時間受けるより、一度食べてみることだ。

次に、動いた人にしか味わえない雪辱《せつじょく》もある。

すぐに動く人は、周囲から「ちゃんと考えてからやれよ！」とバカにされる。

すぐに動く人がいるおかげで、他人の背中に隠れてじっくり観察して助かっている優等生は多い。

それら知恵と悔しさのパワーが蓄積されていくと、ある日突然ブレイクする。

これが大器晩成《たいきばんせい》と呼ばれるものだ。

勘違いしてはならないのが、大器晩成タイプの人は猪突猛進《ちょとつもうしん》に無謀な失敗を繰り返しているわけではないということだ。

失敗のたびに、きちんと失敗から学んでいるのだ。
「やりたい！」と感じ、即動いて失敗し、
その失敗の原因分析に時間をかける。
次の「やりたい！」という獲物に出逢う瞬間までには、
失敗分析はすでに完璧になされていて、痺《しび》れを切らせている状態だ。
無理に速く動いているわけではなく、待ち切れないからつい速くなるのだ。

大器晩成とは、
失敗の中から学んだものがブレイクする瞬間だ！

15

「これはあかん！」と思ったら、撤退が猛烈に速い。

我が国の有名な戦国武将・織田信長は、出陣《しゅつじん》も速いが撤退も速かった。

出陣の際は、部下たちがまだ鎧《よろい》を身に着けていないうちに、勝手に馬にまたがって城を飛び出した。

反対に、戦場で「これはあかん、負ける！」と直感したら、信長は部下をそのまま置き去りにして即撤退した。

これが勝つための徹底した戦略なのだ。

「やりたい！」と思った瞬間に即動くのに加え、「これはあかん！」と思った瞬間に即撤退する決断力を兼ね備えていた。

これまで私が出逢ってきた成功者たちも、これと酷似していた。

別の表現を使えば、逃げ足が猛烈に速かったのだ。

側近たちが「社長、そろそろ撤退も視野に入れたほうが……」と遠慮がちに顔色をうかがう頃には、とっくに撤退を決断して次の策を実行に移しかけていた。

むしろ、即動くよりも即撤退する決断力のほうが、
継続的な成功のためには必要なのだ。
なぜなら大成功した利益よりも、
大失敗した損失のほうがいつも大きいからだ。
損失はできる限り最小限に抑えるべきだ。
特に軍を動かしたり会社組織を動かしたりする場合、
どんなに成功を重ねても、たった一回の大失敗で致命的になることも多い。
大失敗を招くのは、小さな失敗のうちに撤退しないからだ。
ギャンブルも手持ちの3万円で損切りできれば、致命的にはならない。
しかし、3万円を取り返そうとして、
30万円を奪われるのは、あっという間だ。
今度は顔を真っ赤にしながら、
30万円を取り返そうとして300万円を奪われる。

顔面蒼白《そうはく》になりながら300万円を取り返そうとした頃には、
借金漬けの人生になるのはご想像の通りである。
人生で大切なことは、他人の不幸を嘲笑《あざわら》うことではなく、
自分が幸せになることだ。
撤退のスピードは、その人が本と人間から学んだ知性と比例するのだ。

小さな失敗のうちに撤退する逃げ足を鍛えておけ!

16

ドロップアウトしても
ふて腐れない人に、扉が開く。

受験で失敗した。
留年が決定した。
就活で内定がもらえない。
同期より出世が遅れた。
リストラされた。
これらのことは、普通に考えたら、
ドロップアウトとして扱われるだろう。
ドロップアウトしたら、たいていの人はふて腐れる。
私もドロップアウトするたびに、よくふて腐れていたものだ。
自分はふて腐れるために生まれてきたのではないかと思っていた時期もあった。
大切なのはここからだ。
ドロップアウトを次に活かす人と、

そのまま腐った人生で終焉《しゅうえん》を迎える人との違いがある。
ドロップアウトしても明るい顔をしていると、
ほどなくしていいことが起こるのだ。
これは本当の話だ。
例えば自分がドロップアウトした時に、隣人の成功に拍手してみよう。
拍手をする時は誰だって笑顔にならざるを得ないから、明るい表情になる。
本当に悔しくて、そんなことできないと思うかもしれないが、
人生で一回だけの限定でいいから試してもらいたい。
その瞬間から、人生の流れが変わるのだ。
どこか遠くのスーパースターを認めることは誰でもできるが、
隣人の成功を認めることは、誰にでもできることではない。
成功した隣人も、
「こいつ、自分が失敗しているのにやるじゃないか」と畏《おそ》れを抱くだろう。

周囲も「あいつはふて腐れていないから、まだ大丈夫だ」と応援してくれる。
周囲が寄って集《たか》って、
「次はあなたが成功する番だよ」と背中を押してくれるのだ。
ふて腐れさえしなければ、人生は終わらない。
ふて腐れずに明るい顔をしていれば、次の扉が開くのだ。

たった一回だけでもいい。
だまされたと思って成功した隣人に明るく拍手をしてみろ！

17

たくさん本を読んでいる人は、
好きなことを早く思い出せる。

ここまで本書を読み進めてきた読者ならお気づきのように、好きなことは今からつくるのではなく、思い出すものなのだ。思い出すといっても、幼少の頃のことは忘れてしまっているし、無意識にやっていることが好きなことなのだから、なかなか思い出せるものではない。

そこで強烈な武器になるのが、読書だ。

本を読むことによって、「あ！ これは自分と似ている」「まるで自分のことのようだ」という内容に遭遇する。

それが、好きなことを思い出すきっかけになることが非常に多いのだ。

私自身が読書を通じてヒントを得られたのは、自分と似たような経歴の著者が多かった。

自分と似たような経歴の著者の本をすべて読んでいくと、次第に先読みして内容を想像することができるようになる。

先読みが間違っていようがあっていようが、そんなことはどうでもいい。
ひたすら自己満足でいい。
大切なのは、先読みしたくなるような著者と出逢うことだ。
小説家を好きになるか否かは、フィーリングがあうか否かで決まる。
フィーリングがあうということは、どこか感性が似ているということだ。
スッと自分の中に入り込んでくる著者の本を、すべて制覇してしまおう。
もちろん途中下車して、他の著者をつまみ食いするのもいいだろう。
嫌いな著者の本を読むことによって自分の幅が拡がり、
好きな著者の本をより深く読解できることもある。
嫌いだと決めつけていた著者に、
逆にハマってしまうことだってある。
いずれにせよ、本との出逢いは、人との出逢いとまさに同じだ。
ご縁だから、何がどうなるかは誰にもわからない。

ただし運命の本は、常にあなたが読書していなければ出逢えない。
私の周囲の長期的な成功者たちは、全員読書家だった。
読書によって成功までの時間を
大幅にショートカットし続けていた。

フィーリングがあう著者の本を とことん読み込め！

Part 3

それを仕事にしても好きでいられるか

18

人は、好きなことを
仕事にするために
生まれてきた。

「好きなことばかりやっていると、ダメになりますよ」

「嫌なことをがまんしてやった人間だけが、好きなことを楽しめるのですよ」

そんな言葉のシャワーを浴びて、あなたは育ってきた。

だから、いまだに好きなことをやるのは、少し後ろめたい気持ちになってしまう。

ましてや、自分の好きなことを仕事にするなんて、バチが当たるのではないかとさえ思ってしまう。

だが私は断言しておきたい。

人は、好きなことを仕事にして、毎日幸せを味わうために生まれてきたのだ。

好きなことを選んでやっていれば、自然に幸せになるようにできているのに、多くの人たちはその逆をやらかしている。

嫌いなことを選んで安定を取っているつもりが、結果として不幸になっている。

嫌いなことをイヤイヤやっていると、周囲にもイヤイヤが伝わる。

結果として、嫌な空気を周囲に感染させてしまうから、すべての出逢いを不幸にしてしまっているのだ。

好きなことを仕事にしている人は、とにかく毎日が楽しい。

自分が心底好きなことだからこそ、いいパフォーマンスをしたいと能動的になる。

「もっとがんばれ！」と発破《はっぱ》をかけられるまでもなく、勝手に猛烈にがんばっている。

好きなことに思い切り打ち込んでいると、周囲にも幸せが伝わる。

結果として、幸せな空気を周囲に感染させていくから、すべての出逢いを幸福にしてしまうのだ。

これまで、嫌いだけど安定していそうな人生を選び続けて不幸になってしまったと感じている人は、それは自分の決断の集大成だということに早く気づくことだ。

好きなほうを選び続けてきた人こそが、
幸せになっている現実を直視することだ。
「でも、みんなが好きなことをやったら、世の中が動いていかないのでは？」
そんな心配は無用だ。
人によって好きなことは千差万別だから、
無味乾燥な競争もなくなるのだ。

あなたは、あなたの周りの空気を
幸せにしているだろうか、不幸にしているだろうか。

19

「趣味だから楽しいだけ」というのは、趣味を仕事にしたことがない人。

すでに出世を諦めたサラリーマンや、
嫌いなことを仕事にしてしまった人は趣味の話題が大好きだ。
暇さえあれば、否、仕事中でさえ趣味の話で盛り上がっている。
そうした人たちの口癖はいつもこうだ。
「趣味は趣味だから楽しいだけで、趣味を仕事にしたら楽しめないよ」
それがハッキリ嘘だとわかったのは、
社会人になってしばらくしてからのことだった。
幸せな成功者たちの多くが、趣味をそのまま仕事にして
大成功を収めているのを目の当たりにしたからだ。
趣味がそのまま仕事になったのだから、毎日が楽しそうでいい笑顔をしていた。
そうした人たちの口癖はいつもこうだ。
「趣味でお金儲けさせてもらって申し訳ない。生まれてきて本当によかった」
これまで出逢った人たちの顔を思い浮かべてみたら、

こんなにシンプルな事実が浮き彫りになった。

「趣味だから楽しいだけ」と嘯《うそぶ》いていた人たちは、そもそも趣味を仕事にしたことがなかったのだ。

人は勇気がなくて自分で経験したことがなく、恐怖心を抱いていることを、大声で否定したがるものだ。

転職を経験したことのない人は、転職をこう否定する。

「結局どこへ行っても一緒だよ。もう一度よく検討したほうがいい」

独立を経験したことのない人は、独立をこう否定する。

「今までは会社の看板で仕事ができただけだよ。独立したら周囲は掌《てのひら》を返したように冷たくなるよ。もう一度よく検討したほうがいい」

幸せになりたければ、幸せな人に相談することだ。

お金持ちになりたければ、お金持ちに相談することだ。

何かを成し遂げた人であれば、
想像でものを語っている人とはまた違ったヒントを与えてくれるだろう。
あなたが何かに挑戦しようと相談した際に、
未経験者はブレーキをかけたがるが、
経験者はアクセルを吹かして背中を押してくれることが多い。

趣味を仕事にして
大成功した人に会ってみろ！

20

仕事にしても好きなことが、
本当に好きなこと。

趣味を仕事にしてみたら、好きでなくなってしまったという人がいる。
それは好きでなくなったのではなく、最初から好きではなかったのだ。
浮気と同じで現実逃避を楽しんでいただけで、
魂を揺さぶられるような好きなことをやっていたわけではないのだ。
本当に好きなことであれば、それを仕事にしたらますます好きになる。
実際に、私の周囲には好きなことを仕事にして成功した人が多いが、
趣味でやっていた頃と比べても、段違いに好きになっているようだ。
スポーツが大好きだった人がプロスポーツ選手になってから、
ますますスポーツを愛するようになった。
数学が大好きだった人が数学者になってから、
ますます数学を愛するようになった。
将棋が大好きだった人がプロ棋士になってから、
ますます将棋を愛するようになった。

もちろん、その道のプロとして生きていけば、
アマチュアとは別世界の厳しい試練が待ち受けているに違いない。
これは、どんな道を選んでも避けられない。
だが厳しい試練によって、
自分の大好きな分野の能力が磨かれていくのであれば、
それ以上の幸せはないのだ。
それが本当に好きなことなのだ。
本当に好きなことに没頭すると、一種のマゾになる。
放っておいてもどんどん自分を鍛えたくなるし、
自分を鍛えてくれる人や環境に感謝できるようになる。
趣味で終わる人やアマチュアは、期待通りの成果が出ない時、
道具のせいにしたり、人や環境のせいにしたりする。
好きなことを心底楽しんでいる人は準備を万端にするが、

本番でハプニングが起こったとしても、
それは事実として受容し、ブツブツ文句をいわない。
本当に大好きだという自信があるなら、
それを仕事にしてみる価値はある。

好きなことに没頭して、マゾになるくらい自分を鍛えてみろ。
ハマって抜け出せなくなる！

21

好きなことを仕事にすると、
人生を通じて深め続けられる。

好きなことに出逢ったら、誰に何をいわれなくても勝手に勉強してしまう。
否、「やめろ！」といわれても、
隠れてコソコソやってしまうことがあなたのすべき勉強なのだ。
勉強といっても、何も机にかじりついてやる学校の勉強ばかりではない。
世の中に職業が無限に存在するように、勉強も無限に存在する。
ゲームが好きなら、それで日本一の研究家になることだ。
アニメが好きなら、それで日本一の研究家になることだ。
鉄道が好きなら、それで日本一の研究家になることだ。
大切なことは、世間体ではなく、
あなたの本音で好きなことに没頭することだ。
本音で好きでなければ、日本一の研究家には到底なれない。
世の中にはあなたの想像を絶するような、病的な研究家がいるものだ。
「私は毎日10時間もゲームをやっています！」

とあなたが胸を張ったところで、

「私は最近ゲームをずいぶん抑えていて、一日平均して20時間しかやっていません」という超人がいる。

もし世間体で勝負するなら、模範解答暗記競争の受験勉強のほうが遥かに楽チンであることに気づかされるだろう。

好きなことを仕事に選ぶということは、既存のレールの上を歩むより厳しい世界に飛び込むということだ。

論理的に考えたら、明らかに割が合わない世界に飛び込むということだ。

それを迷わず選べることが、本当に好きなことなのだ。

この話を読んだだけで怖気《おじけ》づいてしまったのであれば、好きなことを仕事にするのは諦めたほうがいい。

論理的に考えて、割に合わないけれど好きなことを仕事にすることを選んだ人は、それだけで100人に1人の希少価値がある。
つまり好きなことを選んだ瞬間、
100倍の競争率を勝ち抜いたことになる。
最後に好きなことを選んでしまった無謀な人へ、
秘密のメッセージを贈りたい。
人生は、あなたが想像しているよりはずっと甘い。

好きなことを選ぶという覚悟だけで、
100倍の難関を突破する。その後の世界はバラ色だ！

22

他人から与えられた目標に、
勝手に上乗せしたくなることが
好きなこと。

好きなことをやっている人は、ノルマとは無縁だ。
仮にノルマが与えられようと、自分で勝手に上乗せしてしまう。
しかも上乗せしたノルマを、期限より遥かに前倒しして達成してしまう。
周囲がいくら騒ごうとも本人はいたってマイペースであり、
自分で打ち立てた次の目標に向けて動き出している。
嫌いなことをやっている人はその逆だ。
ノルマがいつも頭の片隅で悩みの種になっており、胃がキリキリ痛む。
与えられたノルマに対して、下方修正してもらうように交渉する。
毎日、ノルマを達成できない言い訳を考え続けるのが仕事のようなものだ。
次の目標とは一生無縁で、
ずっと目上の人からノルマを与えられ続ける人生で幕を閉じる。
ひるがえって、あなたはどうだろうか。
他人から与えられた目標に対して、どう対処しているだろうか。

勝手に上方修正しているようなら、ひと安心。
卑屈に下方修正しているようなら、お先真っ暗である。
私は大好きな執筆をしている中で、ノルマを考えたことは一度もない。
一年間で10冊出さなければならないとか、
今年は20冊出さなければならないというノルマは一切存在しない。
なかには、前年に翌年度の出版スケジュールを立ててくれる
ありがたい出版社も存在するが、スケジュールをもらった瞬間から
執筆して翌年度分を前年までに書き上げてしまう。
人によってはスケジュールを与えられるのを、
ノルマと思う人もいるかもしれない。
だが好きなことに打ち込んでいる人間にとっては、
スケジュールなんてノルマでもなんでもないのだ。
前年十一月頃に翌年一年間で3冊や4冊の依頼をまとめて受けても、

前年中に書き上げるというスケジュールに、勝手に修正してしまえばいいのだ。

こっちは修正しているという意識もなく、ただ貪《むさぼ》るように執筆しているだけだ。

目標は、自分で勝手に
上方修正してみろ！

23

仕事を好きになるコツは、
スピードアップすること。

私自身がそうだったように、「趣味を仕事にしよう」という話をこれまでしてきたが、なかには「仕事を趣味にして」成功している人もいる。見栄ではなく本音で仕事を趣味にするのに成功した人は、本当に幸せそうだ。

仕事を趣味にするのに成功した人たちに見られる共通点も、断言できる。

それは、仕事のスピードが驚愕《きょうがく》するほど速いということだ。

どのくらい速いかといえば、文字通り桁外れに速い。

通常3時間はかかる仕事を、30分で終了させてしまうイメージだ。

もちろん最初からスピードが速いわけではない。

最初は周囲と同じように3時間かかっていたのだ。

それが1ヶ月後には2時間でできるようになった。

3ヶ月後には1時間でできるようになる。

半年後には……と記録更新していくうちに、

名人の域に達して30分で終わるようになるのだ。

そしてここが大切なところだが、3時間かけて終わらせている人よりも30分で終わらせる人のほうが楽しそうに、しかも質の高い仕事をしている。

傍《はた》からみたらどんなに単純作業にみえても、桁違いのスピードを目指した瞬間、知的作業になる。

30分で終わらせる名人には、3時間かけて終わらせるその他大勢には
一生かかってもみえないものがみえている。

どの部分で力を抜いてもいいのか、どの部分は集中力を極限まで高めておかなければならないのかがみえている職人、それが名人なのだ。

残念ながら名人の技は、いくら文字に落とし込んで

マニュアルにしても真似することはできない。
仕事を好きになりたければ、仕事のスピードをアップさせることだ。
周囲から浮いてしまうくらいのスピードに達した時、あなたの人生は一変する。
社内で飛び級の出世をするか、
社外で桁外れの栄冠を勝ち取ることだろう。

どんな単純作業でも、桁違いなスピードで終わらせろ！
そうすれば別の世界がみえてくる！

24

仕事を好きになった
プロセスに、好きなことの
ヒントが詰まっている。

心の底から仕事を好きになることができた時、
好きになった仕事を生涯の宝物と思うかもしれない。
だが、それ以上の収穫がある。
仕事を好きになったプロセスだ。
自分がどのようにして仕事を好きになることができたのかのプロセスは、
人生すべてに応用できるからだ。
最初は「嫌だな」「面倒だな」と感じたことでも、
仕事を好きになったプロセスを思い出せば、
食わず嫌いでチャンスを逃さずにすむ。
食わず嫌いでチャンスを逃すというのは、
人生において最大のチャンス・ロスだと私は思っている。
私の経験でも、自分の好きなことは食わず嫌いの中に眠っていたからだ。
だから、最初から「嫌いに違いない」

「面倒に違いない」と逃げるのではなく、一度は挑戦してみることだ。

もちろん、一度やってみて生理的に合わないのなら、もう二度と手を出さないと決断してもいいだろう。

食わず嫌いに挑《いど》むあなたの背中を押してくれるのが、仕事を好きになったプロセスなのだ。

プロセスは人の数だけ存在する。

例えば、私が食わず嫌いに挑戦する際のプロセスはこんなものだった。

1. つべこべいわず、早く取りかかってしまう。

早く取りかかることによって、早く結論が出るから時間の節約になる。頭で納得できなかったことも、動けば納得できる。

2. 自分で決めた期間内に、周囲の倍のスピードで成長するように取り組む。

スピード成長にこだわるのは、そのほうが頭を使えて楽しいからだ。

3. 楽しくすれば、自然に長続きする。
周囲の倍のスピードで成長がみられなければ、即辞める。

倍のスピードで成長できないことは、
たいした才能ではないから時間の無駄だ。
倍のスピードで成長できる分野に時間を費やしたほうが、私は楽しい。

嫌いなことには、期間限定でチャレンジしてみろ！
ダメならすぐに撤退すればいいだけだ！

25

子どもにとって最高の教育は、
あなたが好きな
仕事をすること。

教育には「学校教育」「地域教育」「家庭教育」などの分類がある。

地域教育に関しては、ほぼ機能していない地域も増えている。

ここまでインターネットが普及すると、学校教育のあり方もこれから大きな変化を迎えるだろう。

そんな中で、一番キーになってくるのが、家庭教育だ。

未成年の凶悪犯罪というのは、学校の責任ではなく家庭の責任だ。

もちろん学校も開き直ってもらっては困るが、子どもにとって家庭の存在はとても大きいことを忘れてはいけない。

その中であなたができる最高の教育とは、「大人になったら、こんなに楽しいよ」ということを、あなたの生き様で伝えることだ。

いくら親が家にいても、仕事の愚痴ばかりこぼしたり、休日に一日中ゴロゴロしていたら、子どもは「大人になりたくないな」と思うに違いない。

学校もつまらないのに、大人になってもつまらないと感じたら、希望を持てるはずがないではないか。

親の生き様をそのまま真似して、愚痴だらけのサラリーマンになったり、ひきこもりになったり、ニートになったり、職を転々としてフリーターとして一生を終えていくのも無理はない。

「大人になったら、こんなに楽しいよ」と、その生き様を背中で伝えるためには、あなたが好きな仕事をすることだ。

毎日イキイキしながら仕事に向かうあなたをみたら、子どもは「自分も早く大人になりたい！」と思うだろう。

「どうしたらそんなにイキイキしながら毎日を過ごせるの？」

と疑問に感じた子どもは、そのまま親に質問するだろう。

その時に「ここだけの話、勉強はしっかりやっておいたほうがいいよ」

と親からいわれれば、説得力がある。
すべての親は子どもの幸せを切望するが、
それを実現したいなら、まず親が幸せになることだ。
自分は不幸なのに、
子どもに幸せになってもらおうというのは、不可能なのだ。

「毎日がこんな楽しい」という
生き様を背中で伝えろ！

Part 4

今すぐやめたい
無駄な習慣

26

好きなことをしている人は、強要しない。

あなたの周囲で、頼んでもいないのに勧誘したり強要したりする人がいたら、それはすべて偽物だ。

これだけ覚えておけば、詐欺《さぎ》にかかることはない。

他人に自分の価値観を強要する人は、自分が好きなことをやっていない人だ。

自分が好きなことをやっていないから、心が荒《すさ》んでいる。

荒んだ心のバランスを取るために、周囲に不幸をまき散らして紛らわす。

自分と同じように心が荒んだ人間を増やすことによって、安心しようとするのだ。

好きなことをやっていないから、嫌いなことをがまんしてやっている。

「だからあなたも一緒にがまんしなさい」というわけである。

こんな「がまんクラブ」に入会したら、今度は脱会するのが大変だ。

「がまんクラブ」の特徴は、一度入会させたメンバーを退会させるのにペナルティを科していることだ。

だから寄って集って「がまんクラブ」に留まるように説得されてしまう。
大切なことは、「がまんクラブ」に関わらないことだ。
何か強要されかけたら、
お手洗いに行くふりをしながらそのまま帰ってしまおう。
鞄はお店の人に電話して、あとで取りに行くからと伝えておけばいい。
強要してくる相手には、
「変な人」と思われて嫌われておくくらいでちょうどいい。
社員にがまんを強要するブラック企業は、
その日に辞めても構わない。
ひるがえって、あなたはどうだろうか。
周囲に何か強要してはいないだろうか。
「私もやったのだから、あなたもやるべき」
「私も買ったのだから、あなたも買うべき」というのは、まさしく「がまんクラブ」のレギュラーメンバーのセリフである。

「私はあなたのためを思っていっているのよ！」

とつい力説してしまう人は、本当は自分の不安解消や課せられたノルマのために強要していることに気づくべきだ。

それでは年齢とともに、人もお金もどんどん去っていく。

すべては好きなことをやっていないことが原因なのだ。


強要される場からは即退避しろ。

「あなたのために」という言葉は封印しろ！

27

帰宅してすぐに、なんとなくテレビのリモコンに触れない。

帰宅した瞬間、条件反射のようにテレビのリモコンに触れる人がいる。
何もすることがないから、
なんとなくテレビを流して寂しさを紛らわすのだ。
特に面白い番組があるわけでもないのに、
やっている番組の中ではマシなものを選んで時間を潰す。
なんとなくテレビをみている時間は、
人生トータルで考えると膨大な時間を捨てていることに驚かされる。
なんとなく毎日平均して2時間テレビをみていたとすると、
1年365日換算で730時間、
サラリーマン人生40年で2万9200時間になる。
2万9200時間とは1216日であり、
3年4ヶ月以上寝ずにずっとテレビを観賞し続けていたということだ。
もちろん、これがあなたの大好きなことであれば、3年4ヶ月は無駄ではない。

大好きな映画三昧、大好きなドラマ三昧、
大好きなアダルトＤＶＤ三昧というのなら、
有効な時間の使い方だと私は思う。
自分で大好きなことをやっているという自覚があるからだ。
もったいないのは、〝なんとなく〟時間を垂れ流しているという行為だ。
好きなことをやって人生を謳歌している人は、
帰宅してすぐにテレビのリモコンに触れない。
お腹が空いていればさっさと食事をするし、
疲れを癒したいならさっさと入浴する。
読みかけの本があるなら続きを読むし、
昨日の映画の続きをみたければ鑑賞する。
好きな人と会話を楽しむならそうするし、すぐに愛し合いたいならそうする。
それが大好きに生きるということではないだろうか。

目的もなく、テレビをなんとなく流しているのは、
奇跡的に授かった寿命を垂れ流しているのに等しい。
3年4ヶ月もの時間があれば、
大好きなことがどれだけできるか想像してみよう。
もう恐ろしくて、目的もなく
テレビのリモコンには触れられなくなるはずだ。

一日2時間のボーっとしたテレビ観賞は、
2万9200時間の無駄と知れ！

28

むやみやたらに、「会ってください」と連呼しない。

好きなことをやりながら生きていくためには、先に成功している人から応援してもらう必要がある。

応援してもらわずに成功するのは不可能だ。

大切なことは、応援してくれる成功者に嫌われないことだ。

実力はあるのに、組織で干されてしまってうだつの上がらない人生で幕を閉じる人は、応援してくれる人がいなかったからだ。

ただし、みんなに好かれる必要など毛頭ない。

誰か一人の成功者に好かれれば御の字だ。

成功者が嫌いな相手は、時間の大切さをわかっていない人間だ。

そもそも成功者は時給が高い。

成功者の時給は、一般のサラリーマンの数十倍、数百倍はザラである。

そんな成功者たちが、時間を軽くみる相手を好きになるはずがない。

これがきちんと理解できていなければ、いつまでも成功者の応援団はできない。

一番陥《おちい》りがちなミスが、「会ってください」と連呼することだ。

自分にとってはメリットがあっても、相手にとってはメリットがあるとは限らない。

否、むしろ自分から

「会ってください」と連呼する人の話は、すべて退屈だ。

どうでもいい世間話に終始して、

「何しに来たの？」と思われてしまう。

「何しに来たの？」は、「もう二度と来るなよ」という

ブラックリストに掲載されたということだ。

つまり、応援団になってもらうどころか、敵に回してしまったのだ。

成功者と会うのは、先方からお誘いがあった場合に限ると

考えておけば間違いない。
つまり、最初は誰かの紹介がなければ、会うのは失礼だということだ。
誰かの紹介で会ってもらえることになったら、
それはこれから付き合えるか否かの面接だと考えればいい。
面接に受かれば次も声がかかるが、落ちれば二度と声はかからない。
メール社会になって、面談の価値は急上昇した。
気安く「会ってください」というのが、ますます失礼になってきている。

紹介でしかあなたの応援団には
会えないと覚えておこう！

29

言い訳は行動力を
鈍らせるだけのものだ。

好きなことで成功したければ、言い訳をやめることだ。
言い訳をするのは、好きなことをやっていないからだ。
世間体のために嫌いなことをやっていると、言い訳が多くなる。
そもそも好きなことじゃないから、
やっていることに誇りもなければ愛情もない。
言い訳とは、自分が打ち込んでいることに対する悪口なのだ。
「準備不足だった」ということは、
準備不足で本番に臨《のぞ》む程度のことをやっていたという言い訳だ。
「体調不良だった」ということは、
体調不良で本番に臨む程度のことをやっていたという言い訳だ。
言い訳の話術が磨かれるたびに、行動力が鈍っていく。
言い訳のカラクリはとてもシンプルで、
自分が負けた理由を言葉巧みに正当化しているだけだ。

負けた結果から目を背《そむ》け、自分で自分を慰《なぐさ》める。
周囲からみたらとても滑稽《こっけい》であり、
まともな人なら誰も応援しようとは思わない。
本来悔しさをバネにして自分を磨くチャンスなのに、
口からエネルギーを発散してしまうのだからもったいない話だ。
本当に心から好きなことをやっている人間は、言い訳なんてしない。
それどころか、ここぞとばかりに言い訳を飲み込んで、即行動に移す。
言い訳を飲み込むということは、
精神的なカンフル剤を飲み込むということだ。
精神的なカンフル剤を飲み込めば、
モチベーションアップして好きなことを磨いていける。
その結果、好きなことがますます好きになる。
ひるがえって、あなたはどうだろうか。

少しうまくいかなかったくらいで、つい言い訳をしていないだろうか。
言い訳を飲み込んでみると、その瞬間は辛いかもしれない。
だが、あとから振り返ってみると、
「言い訳しなくてよかった」と心から感謝できる。
言い訳をしないだけで、本当に実力が向上するのだから。

言い訳をぐっと飲み込んで、
すぐ行動に移せ！

30

「そうはいっても現実は……」
と騒いでいる協会から、
イチ抜ける。

好きなことをやろうと思ったら、

周囲の雑音から避難しなければならない。

「好きなことを仕事にして人生を謳歌したい！」

あなたが目をキラキラ輝かせてそんなことをいおうものなら、

周囲の大人たちは全身全霊であなたを説得してかかるだろう。

「そうはいっても現実はとても厳しいぞ」

「そうはいっても現実は飯を食っていける人間なんてごく一部だぞ」

「そうはいっても現実はたいして儲からないぞ」

特に優秀な大人たちから、こうしたアドバイスが

あなたに向けて機関銃のように撃ち込まれるに違いない。

何を隠そう、私自身がそうだった。

学生時代やサラリーマン時代、

「将来はのんびり本でも書いて生きていきたい」と、

私は周囲に真顔で言い続けてきた。
その結果、浴びせられたのが先ほどのセリフだった。
そのうち、「そうはいっても現実は……」といわれた瞬間に、
「……」の部分を予測して相手に被せていえたくらいだ。
しばらくするとその遊びにも飽きてしまって、
「そうはいっても現実は……」といってくる連中から、
私は次第に距離を置くようになった。
別に悪気はなかったが、パターンが読めてしまうような
退屈な人間と一緒にいるのが単に苦痛だったのだ。
距離を置いてしばらくすると、驚くべきことが起こった。
退屈な人間と距離を置いた途端に、
出逢う人すべてが好きなことで成功した人たちばかりになったのだ。
どこから聞きつけたのか、向こうから声をかけられることも多くなった。

今から振り返ると退屈な人間と群がっていたから、
夢を実現した成功者たちは私に声をかけてくれなかったのだ。
いくら「私は違う」と言い張っても、
群がっていたら同じ穴のムジナと判断される。
究極は、目があった瞬間に
退屈な人間から避けられるくらいでちょうどいい。

退屈な連中から離れた瞬間に、
あなたは成功者に囲まれることになる！

31

〃補欠の先輩〃になったら、潔《いさぎよ》く去る。

組織にいてもフリーで生きていても、自分がレギュラーから補欠に降格した瞬間は容易にわかるはずだ。

こんな時には悪あがきする人も多いが、それはやめたほうがいい。

見苦しいからではない。

時間がもったいないからだ。

スポーツでも万年補欠という人がいて、補欠だからこそ学べることもあるというのは詭弁《きべん》だ。

やはりレギュラーとして、戦場の最前線で傷つきながら学べるもののほうが遥かに多い。

仕事でも補欠で終わりそうだと直感したら、すぐに勝負の土俵《どひょう》を変えることだ。

補欠は同性からも異性からもモテないし、先輩にも後輩にも疎《うと》んじられる。

次第に補欠で冴《さ》えない状態が自分のスタンダードになり、
なんとも卑屈な人間に成り下がる。
実力のある後輩に次々に追い抜かれて、
気を遣われながらぎこちない敬語で声をかけられるのは、惨《みじ》め極まりない。
後輩の口からうっかり本音が漏れて見下されたりしようものなら、
〝人生の先輩〟として厳重に注意をしなければならない。
もちろん後輩には心の中でますます見下されるだろう。
周囲からもお荷物扱いだ。
本人は気づいていないが、家族にもその状態は完璧にばれている。
すべては補欠にもかかわらず、しがみついている本人の責任なのだ。
サラリーマンで本社に残ることにこだわる人がいるが、
窓際社員でしがみつくより、子会社でも孫会社でも
役職をつけてもらって移籍したほうがいい。

新天地で実績を残すか、それが無理なら
独立開業に向けて準備を整えることもできるはずだ。
もう先がみえているのであれば、
社内ベンチャーなどでひと暴れするのもいい。
あなたは補欠人生を歩むために、
この世に生まれてきたのではないはずだ。

最前線で活躍できる場を見つける努力と、
そこで暴れる覚悟を決めよ！

32

人生最悪の失敗は、
嫌いなことで成功すること。

成功したからといって、本人は幸せだとは限らない。
成功してどんどん不幸になる人もいる。
別に私が成功者に嫉妬しているわけではない。
これまでに出逢ってきた成功者の中にも、
不幸になっている人が少なからずいたからだ。
もしあなたが成功しても、不幸にはなってもらいたくない。
だからここでは本音を述べておきたい。
人生最悪の失敗とは、自分が嫌いなことで間違って成功してしまうことだ。
例えば、あなたが本当は勉強が大嫌いだったとしよう。
世間体や親の期待に応《こた》えるためにがまんにがまんを重ねて、
勉強をし続けて見事難関試験を突破したとする。
難関試験を突破したらしたで、今度は同じように
難関試験を突破してきた連中との熾烈《しれつ》な競争が待ち受けている。

ところが、今度もあなたは血の滲むような忍耐と持ち前の根性で、
見事トップ集団に滑り込んだとしよう。
もう心身ともに疲労困憊《こんぱい》で、性格も変わり果ててしまっている。
にもかかわらず、今度はトップ集団に残った中での
サバイバルゲームがはじまる。
すでにお気づきのように、もうここまでくると
気の遠くなるような才能と努力と運がなければ勝ち抜くことはできない。
今から何か新しいことにチャレンジしようとしても、
そんな気力は残っていない。
嫌いなことでなまじっか成功してしまったために、
さらに嫌いなことを続けなければならない
地獄のスパイラルに突入してしまったのだ。
あまり大きな声ではいえないが、

嫌いなことで成功してしまった人が
最期に頭をよぎる後悔の念はこうだ。
「一度でいいから、自分の好きなことをやってみたかった……」
大切なのは他人の人生を笑うことではなく、
自分が笑える人生を歩むことだ。

嫌いなことで間違って成功してしまうなら、
大好きなことで失敗しろ！

Part 5

今すぐはじめたい成功習慣

33

「それはありえない」ではなく、

「なるほど」。

人脈を枯渇《こかつ》させる悪魔の言葉がある。
人の話を聞いた時に、「それはありえない」とやらかしてしまうことだ。
「それはありえない」というたびに、人もお金も去っていく。
関西では、「そりゃないわ」と連呼する人には、貧しい人が多かった。
「そりゃないわ」と連呼する貧しい人脈は、
どいつもこいつも小さくまとまっていた。
なぜ、「それはありえない」という言葉が成功を遠ざけるのだろうか。
それは、「それはありえない」という自分にとって非常識な内容にこそ、
人生を一変させるヒントが詰まっているからだ。
物理学者のアルベルト・アインシュタインは、
「常識とは、18歳までに身につけた偏見のコレクションのことをいう」
という名言を残した。
自分の偏見を打破していくことが、18歳以降の人生なのだ。

自分の偏見を打破していくことが、

〝これから〟を築いていくということなのだ。

これまで、「がまんすれば、いずれいいことが起こる」

という常識をもっていた人は、

「がまんしても、その先にはさらなるがまんが待っているだけ」

という、これまでの非常識をいったん飲み込むことだ。

これまで、

「他人が敷いたレールの上を粗相《そそう》なく歩くことがエリートコースだ」

という常識をもっていた人は、

「レールの外にこそ、自分のエリートコースが存在する」

という、これまでの非常識をいったん飲み込むことだ。

飲み込むというのは、はじめて見聞きしたことを頭から否定するのではなく、
いったん「なるほど」と頷《うなず》くことだ。

「なるほど」と頷けば、相手は話を続けてくれる。
ひょっとしたら、話の続きには
あなたの人生を変えるような運命の言葉が待っているかもしれない。
少なくとも、これまでの人生ではじめての話を聞くことができるだろう。
「それはありえない」といいそうになったら、
「なるほど」と頷いてみよう。
その瞬間から、人もお金も集まってくるようになる。

自分の培《つちか》ってきた偏見を打破し、
常識を破っていくのが18歳からの生き方だ！

34

大好きな物以外は、
全部捨てる。

一時期、整理整頓に関する本が話題になった。
整理というのは不要な物を捨てること。
整頓というのは必要な物をすぐに取り出せるように、並べること。
ここで大切なことは、捨てる力だ。
美しく並べる能力に長《た》けた人は、捨てる能力を必要としない。
なぜなら、捨てる必要のないように、見事に美しく並べてしまうからだ。
隙間なくビッシリ棚に積み込まれている状態だ。
思い出してもらいたい。
隙間なくビッシリ棚に詰め込まれている店は、
安物を扱っていることが多いということに気づかないだろうか。
格安ショップやバーゲンセールには安物がビッシリ並んでおり、
そこに群がってくる人も、それ相応の人だ。
整頓すればするほどに、成功は遠のいていくのだ。

それに対して高級ブランドショップには物が少ない。
商品が贅沢《ぜいたく》なスペースで優雅に陳列されている。
そこに集《つど》う人たちも、立ち居振る舞いが上品で、お金をたくさん運んでくる。
整理すればするほどに、成功は近づいてくるのだ。

あなたの部屋は、
テレビで登場するゴミ屋敷のようになってはいないだろうか。
カッコいいお金持ちの家には物が少ない。
お洒落な物が、贅沢なスペースで優雅に並べられている。
大好きな物だけを買い、大好きな物だけを残す。
結果として大好きな物以外は部屋に存在しない。
24時間365日大好きな物に囲まれていると、
それだけで心が豊かになる。
すべてが勝負服や勝負下着であれば、

いちいち迷う時間が削減できる。
余った時間で、また優雅に大好きなことができる。
貧しい人はその逆のことを繰り返しながら人生を終えていく。
どちらでも自分の好きなコースを選べばいい。

大切なのは整頓ではない、
整理、すなわち捨てる力だ！

35

好きなことを貫くと、人脈も入れ替わる。

人脈の質は量に反比例する。

顔の広い人間というのは、単に権力や過去の栄光で断りにくい状況をつくるのに長けているだけだ。

年配者で紹介魔がいる。

やたら人を紹介して、引き合わせたがる〝オジイサン〟だ。

20世紀に流行ったお見合いをセッティングするのが趣味の、欲求不満オバサンの〝オジイサン〟バージョンと考えていい。

陰では、「○○さんの紹介だから断れない」「まったくいい加減イヤになっちゃうよ」とブツブツ不平不満をいわれているが、当の本人だけはご満悦だ。

自分の紹介した数を、冥土《めいど》の土産にもっていくのが夢なのかもしれない。

本当に人を大切にするなら、あちこち声をかけまくって量で勝負することはない。

目の前の人を大切にすることで精一杯のはずだからだ。
連日あちこちで人と会ってばかりいる人は、
どんどん人脈の質が劣化していくことに気づくべきだ。
だいたい人と会ってばかりいる名刺コレクターは、話がつまらないのだ。
誰一人として深い関係を築けず、話がすべて聞きかじりの寄せ集めだ。
会っている相手にも、
「どうせこの人にとって、自分はその他大勢の一人だし」
と思われるから心を開いてもらえない。
それでも人脈を増やそうと考えれば、会ってもらえる人のレベルを
低下せざるを得ないから、底辺同士でウジャウジャ群がる人生で幕を閉じる。
年齢とともに自分から会いに行くのではなく、
相手から会いに来てもらえるような存在にならなければ、
あなたは魅力不足だということだ。

魅力は一人の時間を大切にした人だけが身につけることができる。
今、目の前で会っている人を大切にし、
一人の時間で人から学んだことを何度も反芻《はんすう》する。
一人の時間を捻出したければ、好きなことを貫くことだ。
好きなことを貫けば、
人脈はガラガラと音を立てながら変わっていくだろう。

一人の時間を大切にした者だけが、
魅力というオーラをまとうことになる！

36

ご縁を大切にしながら、
一人でがんばる人に
奇跡が起こる。

人とのご縁は大切にすべきだ。

人とのご縁で人生は大きく変わっていくからだ。

だが、ご縁を大切にするのと、ウジャウジャ群がるのとではまったく意味が違う。

それらは似ていないのはもちろんのこと、接点すらない。

ご縁を大切にする人は、群がらない。

普段は、一人でがんばって自分を磨いている。

それは運命の人に出逢った時に、一瞬でご縁を創り出すためだ。

もちろん、初期の頃は思いがけない出逢いがご縁になったり、嫌っていた者同士が、思いがけずいいご縁に発展したりすることもあるだろう。

だが自分を磨いていけば、運命のご縁は直感でわかるようになるのだ。

運命のご縁というのは、じっくり検討した結果、
「お互いにメリットがありそうだから」と決まるのではない。
目が合った瞬間、運命のご縁はわかる。
パーティー会場で、
お互いに一番距離の遠い対角線上にいても引き寄せ合うだろう。
その他大勢の人々は一切目に入らず、
すべての時間が止まった状態のように引き寄せ合うのだ。
それが運命のご縁だ。
出逢い探しなんて無駄だ。
運命のベストパートナーをみつけたければ、今すぐ婚活をやめることだ。
いいご縁が一瞬でわかるようになるまで、自分をとことん磨くのだ。
カフェで冴えない者同士が群がって、
好みの異性のタイプの品評会をして騒いでいるようでは、お先真っ暗だ。

群がって騒いでいるような人間に、
白馬に乗った王子様が現れるはずがない。

白雪姫もシンデレラも、
幸運をつかんだ女性はご縁を大切にしたが孤独だった。
小人たちや動物たちとのご縁を大切にしていたから、奇跡が起こった。
孤独の時間に自分を磨いていたから、奇跡は起こったのだ。

群がらず、孤独に自分を磨いて
ご縁の感性を研ぎ澄ませ！

37

常軌を逸するほど、時間厳守にこだわる。

幸せな成功者たちは例外なく時間にうるさい。
もし、成功しているようにみえて
時間にルーズな人間がいたら、それは詐欺師だ。
実際に私も一次情報をつかむために、あえて詐欺師と対談したことがある。
話の中身もくだらなかったが、それ以上に時間にとにかくルーズだった。
約束の時間に遅刻してきて、
私の想定通りの行動パターンを示してくれた上に、
見え透いた安っぽい話術でラジオの収録時間も倍に延長してくれた。
世の中で尊敬されていない職業だという理由が、
噂レベルではなく、目の前で露呈《ろてい》してくれたからとても勉強になった。
時間にルーズな人は、例外なく他人を見下している人だ。
本人はいくら否定しようとも、
無意識のうちに見下しているのだから質《たち》が悪い。

長期的な成功者が常軌を逸するほど時間厳守にこだわるのは、命を重んじるからだ。

人間は生まれた瞬間から死に向かって生きており、お互いに会うという行為すら寿命のお裾分けになる。

寿命のお裾分けの時間に平気で遅刻するということは、相手の命を軽くみている証拠だ。

たとえ言動が丁寧だとしても、「所詮あなたの命なんてたいしたことないでしょ?」と見下しているのだ。

ひるがえって、あなたはどうだろうか。

仕事で5分遅刻の常習犯になってはいないだろうか。

会議の終了時間を平気で延長してはいないだろうか。

デートの待ち合わせに平気で遅刻してはいないだろうか。

これらの原因の原因である真因を遡《さかのぼ》っていくと、

相手の命を軽くみていたことに気づかされる。
もちろんそんな相手と一緒に時間を過ごすことは、人生最大の無駄だ。
あなたが遅刻しないのはもちろんのこと、
遅刻する人に巻き込まれないことだ。
遅刻の常習犯なのにいい人ぶっているのは、
100パーセント詐欺師だと考えていい。

あなたを見下す人と付き合ってはいけない。
人を見下してはいけない!

38

サラリーマン時代に、雑用のチャンピオンになる。

独立して最初にやるべき仕事が何か、わかるだろうか。

独立初日から経営戦略を練って、バリバリそれを実行に移し、大金を稼げるとワクワクしている人もいるかもしれない。

しかし、ビジネスをスタートさせる前には、たくさんやることがあるのだ。

まず、事業スタートの登録手続きをしなければならない。

お客様が訪問した際のために、部屋の掃除とトイレ掃除を念入りにしなければならない。

コピー用紙やペン、その他事務用品を揃えなければならない。

経理処理を自分でしなければならない。

名刺や契約書を準備しなければならない。

少し考えただけでゾッとするほど、雑用の嵐なのだ。

好きなことをやるために独立したのに、これならサラリーマンのほうが楽でよかったと思うに違いない。

これは断言してもいいが、間違いなくサラリーマンのほうが楽だ。
だが、それでも独立して好きなことに専念する人生を選んだのであれば、
雑用から逃げることはできない。
私がサラリーマン時代に直感したのは、
独立して最初の壁は、
雑用の山をいかに早く片付けられるかにかかっているということだった。
好きなことに専念できる日が一日でも早くやってくるように、
できる限り雑用には時間を割《さ》きたくなかった。
だからこそ、サラリーマン時代は雑用のチャンピオンを目指した。
人の嫌がる雑用こそ命がけで打ち込み、
質とスピードで周囲をあっと驚かせた。
最初に入社した会社では、暇さえあれば経理部に入り浸って、
帳簿のつけ方やさまざまな書類の研究をした。

「営業部の人間がなんでこんなに経理に熱心なの？」

と、気味悪がられた。

転職した会社では、

全書類を通して部署を横断的に眺めることができた。

雑用に精通した結果、

独立四日目には事業を軌道に乗せることができた。

人の嫌がる雑用に命がけで打ち込み、
質とスピードで圧倒して差をつけろ！

39

静と動で、人生のバランスを取る。

一時的に成功したとしても、それで生きていくことはできない。
継続的に成功したければ、
矛盾したものを否定するのではなく、
融合することを考えていくことだ。
例えば静と動の一体化によって、
人はバランスを取りながら成長していく。
この場合の静とは、主に文化系で、
静かに考える仕事だと考えてもらえばいいだろう。
動とは、主に体育会系で、体を激しく動かす活動と考えてもらえばいいだろう。
一見、静と思われる仕事をしている人ほど、動を取り入れたほうがいい。
逆に、動と思われる仕事をしている人ほど、静を取り入れたほうがいい。
実際に各分野で一流の実績を残している人たちは、
静と動のバランスを取っているものだ。

静のみに偏《かたよ》り過ぎると、行き詰まってしまう。
作家がネタ切れになると、
ますます自分の世界にひきこもり、最悪の場合は自殺してしまう人もいる。
狭く考えるのではなく、広く考えることによって、
現状を打破していくことができる。
静の世界で行き詰まったら、積極的に体を動かしてみることだ。
普段から体を動かしている人は、現状を打破していくことができる。
同様に動のみに偏り過ぎると、伸び悩んでしまう。
動のみで生きてきた人の選手生命は比較的短いが、
動と静を兼ね合わせた人の選手生命は比較的長い。
一流のスポーツ選手には、激しく動き回る本番の姿からは
信じられないような落ち着いた性格の人が多い。
スポーツの世界においても、最終的には精神力の勝負になる。

強靭《きょうじん》な精神力を保つためには、一人で静かな時間を過ごすことだ。
静かな時間に自分と会話することだ。
ひるがえって、あなたはどうだろうか。
静と動、いずれかに偏ってはいないだろうか。
考えることに疲れたら、ストレッチをすればいいアイデアが浮かぶ。
動くのに疲れたら、読書をすれば精神に栄養を補給できる。

考え過ぎたら体を動かし、
体力的に疲れたらゆっくり読書を楽しもう！

40

先祖に感謝する。

これまで出逢った本物の成功者たちに共通してみられたのは、先祖に感謝するという習慣だった。

本物の成功者というのは、現役を引退するまで好きなことで成功し続けてきた人のことだ。

人によって信仰するものはバラバラだったが、毎日先祖に向かって掌を合わせているという行為は共通だった。

なかには無宗教の人も多かったが、それでも会うたびに「先祖から守られている」と感謝していた。

社会人になりたての頃の私は、「根拠はなんですか？」と思わず聞いてしまいそうになるのを、じっと堪えて耳を傾けたものだ。

ところがその後、何百人、何千人といった成功者たちから同じ話を聞き続けると、

自分が間違っていて
彼らが正しいのではないかと思いはじめるようになった。
そして今では、先祖に感謝することが
本物の成功者になるための必須条件だと確信している。
あなたの一番身近な先祖は誰だろうか。
両親だ。

まず両親に感謝することが、先祖に感謝することのスタートになる。
両親に感謝できる人は、他のすべての人に感謝できる。
会社や仲間に感謝できない人は、本当は両親にすら感謝していないのだ。
そのくらい、両親に心から感謝することはやさしいようで、難しい。
感謝の反対は、「あたりまえ」だ。
両親に今日まで育ててもらったことを
「あたりまえ」だと思っているのは、

感謝とは対極の行為となる。

両親が自分を育てたのは「あたりまえ」と思っている人間は、上司や仲間にも「あたりまえ」と思っている。

先祖に感謝できない人は、師匠にもお客様にも感謝できない人だ。

身近な人に感謝できる人が、すべての人に感謝できる人なのだ。

育ててもらったことを「あたりまえ」と思っているうちは、
誰にも感謝できないヘナチョコだ！

Part 6

「好きなこと」を
「お金」に変える技術

41

好きな分野を細分化すると、得意分野に巡り逢う。

せっかく好きなことを見つけたのに、換金できない人がいる。

せっかく好きなことに打ち込んでいるのに、換金できない人がいる。

「好きなことさえできれば、お金なんて要《い》らない」というのは、

負け犬の遠吠えだ。

口にしたことはそのまま行動に移され、

行動が習慣になって人生をつくっていく。

だから冗談でも「お金なんて要らない」と口にしてはいけない。

好きなことでお金を稼げるのは最高の快感だ。

本書であなたと出逢ったからには、

負け犬人生ではなく最高の人生を味わってもらいたいと思う。

好きなことを換金できない人の特徴は、

ただ漫然と好きなことをやっているということだ。

漫然と好きなことをやっていると、

その道のチャンピオンにあっさり負けてしまう。
その道のチャンピオンは、
すでに気の遠くなるような競争を勝ち抜いた結果として
現在の地位を築いている。
今からそれと同じやり方で栄冠を勝ち取るのはほぼ不可能だし、退屈だ。
あなたはあなたの勝ち方を見つけるのだ。
そのためには、漫然とした抽象的な目標ではなく、
〝超〟具体的な目標にすり替えることだ。
〝超〟具体的とは、細分化することだ。
細分化とはマイナー化だ。
作家の世界なら、恋愛小説というのでは抽象的すぎる。
恋愛小説の大家はいくらでもいて、
今さら同じやり方で太刀打ちできるはずがない。

恋愛小説の中でも官能的な話、官能的な話でもＳＭモノ、ＳＭモノの中でも同性愛モノ……というように
どんどん細分化していくのだ。
好きな分野を極限まで細分化していくと、
得意分野が浮き彫りになってくる。
その得意分野で壁を突破してから、
好きなことを拡げていけばいいのだ。

競争相手がいないくらいマイナーな土俵で突き抜けてから、
得意分野を拡げていけ！

42

好きなことで稼いだお金は、
さらに好きなことに投資する。

好きなことでお金を稼いだら、あたりまえのように全額貯金しないことだ。
好きなことで稼いだお金は、好きなことにどんどん投資していくことだ。
あなたが念願のラーメン屋を開店したとしよう。
長年の夢が叶《かな》い、本当に好きなことができるようになったのだ。
めでたく3ヶ月目から黒字に転換したとしても、
喜んでそのお金を貯金に回してはいけない。
ラーメンを食べ歩くのだ。
ラーメンだけでなく、他の飲食店や他業界の店にも
どんどん足を運んで研究する。
そこで気づかされた点や真似できる点を、
どんどん自分の店づくりに取り入れる。
その結果として、店をさらに進化させていく。
今度は店が繁盛して、さらに利益が出たとしよう。

その利益をさらに投資するのだ。
会社経営では、利益はなんのために出すのか考えたことがあるだろうか。
従業員のボーナスを弾《はず》ませるためではない。
財務諸表を美しくして、会計士に褒められるためではない。
利益を出す最大の目的は、
お客様により喜んでもらえるサービスを提供していくためなのだ。
その手段のひとつとして、
従業員のボーナスをアップさせるという
選択肢も存在するというのにすぎない。
メーカーが研究開発や新商品開発に膨大な投資をし続けているのは、
それが存続のために不可欠だからだ。
作家もさまざまな経験や知恵を、日常生活で仕入れ続けなければ、
とたんにネタが尽きてしまう。

印税で稼いだ分をそのまま自分の頭脳に投資し続けなければ、
一瞬で読者に見放される。
好きなことを死ぬまでやり続けるためには、
好きなことにずっと投資し続けることが
最高の貯金であり、財テクなのだ。

利益が出たらなんとなく銀行に貯金するな！
自分自身のために使え！

43

好きなこと磨きのプロセスで得たノウハウを公開する。

好きなことで成功したあなたが、
劇的に儲けることができるメソッドを紹介しよう。
成功していない多くの人たちが喉から手が出るほどほしいのは、
成功するためのノウハウだ。
極端な話、1時間のレクチャーを受けただけで
効果が得られるノウハウがほしいのだ。
これを理解していないと、トンチンカンなサービスを提供して、
苦労しているわりには儲からなくなってしまう。
儲からないとつまらないから、やる気も萎《しぼ》んでしまう。
例えば20世紀から流行って、
もうすっかり定着したフランチャイズという考え方が、
まさにノウハウの提供ビジネスだ。
店舗経営のノウハウをそのまま提供するという宣伝文句で、経営者を募集する。

その代わり、店舗経営者はノウハウ提供料をドカン！　と差し引かれる。
店舗も儲かるには儲かるだろうが、
桁違いに儲けるのはノウハウの提供者だ。
目に見える物を売るよりも、
目に見えない知恵を売るほうが遥かに儲かる。
しかも知恵には材料費もかからない。
知恵を生み出すまでには、気の遠くなるような時間やお金がかかっただろうが、
一度軌道に乗ると爆発的にお金になるのだ。
もとは普通の学習塾だったのに、
その経営ノウハウを売り始めて全国展開した例もある。
もとは一販売代理店だったのに、その販売ノウハウや
経営ノウハウを売り始めて全国的に有名になった例もある。
もとは英会話テープの販売員だったのに、

一度実績を挙げてその実績をもとに
セミナー講師としての道を切り拓いた例もある。
あなたもせっかく好きなことで一度成功したのに、
現在低迷しているというのなら、
成功したプロセスをノウハウとして提供することはできないか考えてみよう。
ノウハウを提供するなんて、
王道ではないと感じる人もいるかもしれない。
だが人はいずれプレイヤーを退《しりぞ》き、
ノウハウを提供する側に回らねばならないのだ。

目に見えるものを売るという発想から、
目に見えない知恵を売るという発想をしろ！

44

ノウハウ公開では、
出し惜しみしない。

ノウハウを提供すると決めたら、せこい出し惜しみはしないことだ。
ずるいからとか、ケチだからいけないといいたいのではない。
出し惜しみによって、ノウハウが向上していかないからいけないのだ。
例えば、ブログでノウハウを提供している人がいる。
無料だからといって、ブログで出し惜しみしていては誰も寄りつかない。
「え!? こんな内容がタダでいいの?」
そう驚かれるくらいでないと、アクセス数が上がるブログにはならない。
例えば、私は独立当初、複数のブログでノウハウの提供をしていた。
サラリーマン時代に対話してきた経営者3300人から学んだことや、
1万人のビジネスパーソンとの対話から
気づかせてもらったことを出し尽くそうとした。
もちろん、無料のブログだ。
その結果、何が起こったか。

まず、公開していた無料ブログのうち五つが書籍化された。
すでに中身を公開していたにもかかわらず、書籍化されて印税が入った。
次に、私の独り語りCDとして、
ホームページで販売していた高額商品も続々と売れ始めた。
最後に経営コンサルティングや講演の依頼が舞い込んだ。
私がブログで綴《つづ》った内容と、
書籍の内容、CDの内容、コンサルティングの内容、
講演の内容は本質的にはどれも同じはずだ。
なぜなら、すべてにおいて私は出し惜しみせずに、
ノウハウを公開してきたからだ。
にもかかわらず、どうしてそんなにお金を払ってくれる人たちが殺到したのか。
それは、ブログが決め手だったと確信している。
「無料でこんなノウハウを公開してくれるのだから、

この先はいったいどんなノウハウがあるのだろう……」

と、ドキドキしてくれたのだ。

本質的に内容は同じでも、美しく製本された書籍、私の肉声、私との対面に付加価値が生まれたのだ。

無料だからといってケチ臭いことをしていては、スタートラインにすら立てない。

無料で提供するからこそ、
もってるすべての知恵を出し尽くせ！

45

ノウハウ公開の値段は、相場は無視していい。

あなたの人生をかけたノウハウを有料で販売する場合には、値段設定が大切になってくる。

値段設定はビジネスの成否を大きく左右する上に、あなたのブランドにも大きく関わってくるからだ。

安い値段で設定すると、たくさん売れると思ったら大間違いだ。

あなたの講演収録DVDを100円で販売したからといって、飛ぶように売れるかといえば、そんなことはない。

逆に信頼を大きく失墜してしまうだろう。

「三流講師」のレッテルを貼られてしまうかもしれない。

あなたの講演収録DVDを1万円で販売したからといって、誰も買ってくれないかといえば、そんなことはない。

きちんとしたパッケージで、きちんとした場所で、きちんとしたメッセージで売れば、誰かが買ってくれるだろう。

内容が値段に見合っていれば、

「一流講師」としてのブランドを構築していくことができるかもしれない。

いずれにせよ、値段設定の際に相場は参考にしてもいいが、

鵜呑《うの》みにしないことだ。

私も独立してすぐに独り語り音声CDを販売したが、

その際の相場は数千円〜数万円とバラバラだった。

値段設定の際に私の頭に真っ先に浮かんだのは、

CDの元ネタにさせてもらった過去のコンサルティング先の社長の顔だ。

コンサルティングでは、

それこそ高級外車や庭付一戸建てレベルのお金を払ってもらっていた。

そんな大金を払ってくれていた社長たちが、

数千円のCDでノウハウを提供していることを知ったら

さぞかしがっかりするだろうと思った。

その結果、2万1000円に設定して、
年々売上が急上昇している。
ひょっとしたら数千円のほうが、
トータルではたくさん売れて儲かったかもしれない。
私の場合は、たまたま儲けより信頼を重んじたというだけの話だ。

価格はあなたのブランドだ。
安易に設定するな！

46

実用的でない仕事のほうが、
年収は高い。

好きなことでお金を稼ぐ際に、忘れないでもらいたいことがある。

実用的な仕事をしている人よりも、実用的ではない仕事で成功している人のほうが年収は高いということだ。

もちろん実用的な仕事で成功した人で、高い年収を得ている人もいる。

だが、実用的な仕事はみんなが好きでいられるわけではない。

実用的な仕事は苦痛で、非実用的な仕事のほうが楽しいと感じる人は多い。

例えば画家や音楽家がそうだろう。

別に画家がいないからといって生活が困る人はいないし、音楽家がいないからといって不便になる人もいない。

ところが農業や漁業をやる人がいなくなったら、みんな困るどころか、生きていくことすらできない。

私の仕事である文筆業にしても、どちらかといえば非実用的な仕事だ。

出版点数が突然一〇分の一になったとしても、

食糧の生産量が一〇分の一になった場合と比較すれば、影響は微々たるものだ。

だからといって、画家や音楽家や文筆家といった人々がいなくなったほうがいいかといえば、そんなことはない。

生活必需品を提供しているわけではないが、絵画や音楽や文章によって心が豊かになるのを楽しみにしている人や、生きがいにしている人が、世の中にはたくさんいるのだ。

だから実用的とはいえない仕事でも、ちゃんとお金を稼げるようになっている。

ありがたい話だ。

ここで何をいいたいかといえば、好きなことが実用的ではないからといって、お金を稼げないという言い訳をしてもらいたくないということだ。

画家や音楽家や文筆家でも成功している人は、

ちゃんと数千万円や数億円稼いでいる。
認められるまでは多少大変かもしれないが、
認められてからのリターンは大きい。
認められるまでにくじけそうになったら、
自分と似た成功者の過去を思い出そう。
少なくとも私は、それで励まされ続けてきた。

世の中に必要不可欠なものでなければ稼げないということはない。
あなたと似たモデルを探せ！

47

今、やっている仕事が、
次の仕事のマーケティング。

好きなことを仕事にして、
しかもその仕事を途切れないようにするためのコツは、
たったひとつしかない。
今、まさにやっている仕事が、
次の仕事のマーケティングになると気づくことだ。
今、まさにやっている仕事が、
次の仕事のマーケティングにならなければ、いずれ仕事がなくなる。
シンプルだが、ただそれだけのことだ。
私はこれまで、さまざまなプロフェッショナルと仕事をしてきたが、
いつまでも自分から新規開拓していた人間で
長期的に成功していた人は一人もいなかった。
既存顧客のリピートと紹介で長蛇の列ができているのが、
長期的に成功しているプロフェッショナルだった。

長期的に成功しているプロフェッショナルは、
今取り組んでいる仕事が次の仕事に直結することを熟知していた。
だから仕事で妥協することはありえない。
妥協するくらいなら仕事を断って、自分ができる範囲だけを懸命に仕上げる。
それが結果として全幅の信頼を生み、
好きなことを仕事として続けられることに繋がっているのだ。
私もそうしたプロフェッショナルを目の当たりにして、
自分の仕事に活かしてきた。
まず出版依頼のメールが届いたら、やるかやらないか即断即決する。
少しでも失礼な表現があったり、
私と相性が悪そうだと直感したりした場合は、電光石火の如く即断る。
好きなことは、好きな人と一緒にやってこそ全力投球できるからだ。
その代わり、やると決めたものに対しては即日執筆をスタートする。

遅くとも締め切りの1ヶ月前、たいていはそれより前に原稿を仕上げる。
依頼してきた編集者の期待を超えている内容であることが、最低条件だ。
この調子で仕事をしていると、出版社からのリピートが途絶えない。
出版業界も狭いから、噂が噂を呼び紹介で依頼してくる会社も出てくる。
余計な営業活動をしなくても、目の前の仕事が次の仕事に繋がるのだ。

いつまでも新規開拓していてはいけない。
リピートと紹介で鈴なりにさせろ！

48

一度の人生を
大海で勝負したいなら、
やっぱり独立しかない。

サラリーマンとして好きなことで成功しても、
せいぜい年収1000万円程度だ。
サラリーマンとして年収1000万円というのは憧れだし、
ちょっと贅沢できる程度の人生は歩めるかもしれない。
ローンを目一杯組んで、
まあまあの場所に、まあまあのマンションを購入するか、
郊外の一戸建てを購入し、廉価な外車をギリギリ所有できるくらいだろうか。
否、連日面談しているサラリーマンを見ていると、
むしろ年収1000万円くらいの自称エリートが、
一番自分のことを偉いと思っているくらいだ。
自分で自分の上限をその程度だと決めていると、
人はすぐにふんぞり返ってしまう弱い生き物だ。
ふんぞり返った瞬間、人生の双六《すごろく》は文字通り〝あがり〟だ。

ただ、本当の意味で好きなことを好きな人と好きなように楽しむことができるのは、可処分所得3000万円、年収5000万円以上からだ。

別に年収5000万円がお金持ちとも、成功者とも私は思わない。ただこのくらいお金があれば、特殊な趣味や贅沢を望まない限り、お金不足が理由で好きなことを断念する必要はなくなる。

好きな物を買うのに、数万円や数十万円でいちいち迷うことなんてない。本当に惚れたものであれば、数百万円でも即断即決で買い、店員を後退《あとずさ》りさせる。

年収5000万円以上を目指すとなると、上場企業の代表取締役にでもならない限りは夢のまた夢だろう。しかもその頃には、すでに孫のいるような年齢になっている。

30代や40代という気力も体力も充実した時期に大海で勝負したいのなら、

やっぱり独立しかないのだ。
「千田君、金魚鉢の中でいくらがんばっても
所詮金魚鉢の世界しかわからないよ。
一度の人生、大海で泳いでみないか?」
私が尊敬する大経営者からいただいた、
独立の決定打になったひと言だ。
不思議に腹が立たなかった。

自称エリートで人生の双六をあがってもいいのか?
もっと別の大きな世界が広がっている!

Epilogue 49

好きなことで好きな人を
一度でも笑顔にすると、
虜《とりこ》になる。

結局、好きなことで生きていくための最大の報酬というのは、
好きな人を笑顔にすることではないだろうか。
今、あなたの隣にいる好きな人を笑顔にする。
今、あなたと仕事で関わっている好きな人を笑顔にする。
今、あなたの最愛のパートナーを笑顔にする。
人生において、好きな人の笑顔を見ることくらい、幸せなことはない。
好きな人の笑顔を見ることによって、ますます自分も幸せになれる。
それを見た好きな人も、ますます笑顔になって幸せになれる。
幸せの無限相乗効果で、一度幸せのスパイラルに入り込むと、
幸せな人はますます幸せになるようにできている。

大切な人を笑わせるためには、
まず自分が幸せに笑っていなければならない。
自分が仏頂面《ぶっちょうづら》をしているのに、

他人を笑わせることはできないからだ。
自分が仏頂面をしていると、
不幸の無限相乗効果で不幸のスパイラルに自他ともに巻き込まれてしまう。
大好きなことをやっている人は、
心の底から笑顔になることができる。
本当に幸せな人は卑屈にニヤニヤしないし、
卑屈に大袈裟《おおげさ》なつくり笑いをしたりもしない。
ごく自然にしているだけで周囲が幸せ菌に感染しそうなくらい、
心地よいオーラを発しているのだ。
ポーカーフェイスなのに、口角は自然に上がっている。
究極は、怒っていても口角は自然に上がっている。
結果として人も集まってくるし、人がお金を運んでくる。
放っておくと、あちこちから永遠に集まってくる。

人は誰でも好きな人にだけお金を払いたいからだ。
幸せのすべての根源は、
本人が本音で好きなことをやっているか否かだ。
好きなことに没頭すれば、好きな人と出逢い、好きな人と幸せになれる。
一度これを経験すれば、
あなたは大好きなことをして生きる人生の虜になるだろう。

〈日本文芸社〉

『何となく20代を過ごしてしまった人が30代で変わるための100の言葉』

〈ぱる出版〉

『学校で教わらなかった20代の辞書』／『教科書に載っていなかった20代の哲学』／『30代から輝きたい人が、20代で身につけておきたい「大人の流儀」』／『不器用でも愛される「自分ブランド」を磨く50の言葉』／『人生って、それに早く気づいた者勝ちなんだ！』／『挫折を乗り越えた人だけが口癖にする言葉』／『常識を破る勇気が道をひらく』／『読書をお金に換える技術』／『人生って、早く夢中になった者勝ちなんだ！』／『人生を愉快にする！ 超・ロジカル思考』／『こんな大人になりたい！』／『器の大きい人は、人の見ていない時に真価を発揮する。』

〈ＰＨＰ研究所〉

『「その他大勢のダメ社員」にならないために20代で知っておきたい100の言葉』／『お金と人を引き寄せる50の法則』／『人と比べないで生きていけ』／『たった1人との出逢いで人生が変わる人、10000人と出逢っても何も起きない人』／『友だちをつくるな』／『バカなのにできるやつ、賢いのにできないやつ』／『持たないヤツほど、成功する！』／『その他大勢から抜け出し、超一流になるために知っておくべきこと』／『図解「好きなこと」で夢をかなえる』／『仕事力をグーンと伸ばす20代の教科書』／『君のスキルは、お金になる』／『もう一度、仕事で会いたくなる人。』／『好きなことだけして生きていけ』

〈藤田聖人〉

『学校は負けに行く場所。』／『偏差値30からの企画塾』／『「このまま人生終わっちゃうの？」と諦めかけた時に向き合う本。』

〈マガジンハウス〉

『心を動かす 無敵の文章術』

〈マネジメント社〉

『継続的に売れるセールスパーソンの行動特性88』／『存続社長と潰す社長』／『尊敬される保険代理店』

〈三笠書房〉

『「大学時代」自分のために絶対やっておきたいこと』／『人は、恋愛でこそ磨かれる』／『仕事は好かれた分だけ、お金になる。』／『1万人との対話でわかった 人生が変わる100の口ぐせ』／『30歳になるまでに、「いい人」をやめなさい！』

〈リベラル社〉

『人生の9割は出逢いで決まる』／『「すぐやる」力で差をつけろ』

る 睡眠のルール』／『ムダの片づけ方』／『どんな問題も解決する すごい質問』／『成功する人は、なぜ、墓参りを欠かさないのか？』／『成功する人は、なぜ、占いをするのか？』／『超一流は、なぜ、靴磨きを欠かさないのか？』／『超一流の「数字」の使い方』

〈SBクリエイティブ〉

『人生でいちばん差がつく20代に気づいておきたいたった1つのこと』／『本物の自信を手に入れるシンプルな生き方を教えよう。』

〈ダイヤモンド社〉

『出世の教科書』

〈大和書房〉

『20代のうちに会っておくべき35人のひと』／『30代で頭角を現す69の習慣』／『やめた人から成功する。』／『孤独になれば、道は拓ける。』／『人生を変える時間術』／『極 突破力』

〈宝島社〉

『死ぬまで悔いのない生き方をする45の言葉』／【共著】『20代でやっておきたい50の習慣』／『結局、仕事は気くばり』／『仕事がつらい時 元気になれる100の言葉』／『本を読んだ人だけがどんな時代も生き抜くことができる』／『本を読んだ人だけがどんな時代も稼ぐことができる』／『1秒で差がつく仕事の心得』／『仕事で「もうダメだ！」と思ったら最後に読む本』

〈ディスカヴァー・トゥエンティワン〉

『転職1年目の仕事術』

〈徳間書店〉

『一度、手に入れたら一生モノの幸運をつかむ50の習慣』／『想いがかなう、話し方』／『君は、奇跡を起こす準備ができているか。』／『非常識な休日が、人生を決める。』／『超一流のマインドフルネス』／『5秒ルール』／『人生を変えるアウトプット術』／『死ぬまでお金に困らない力が身につく25の稼ぐ本』／『世界に何が起こっても自分を生ききる25の決断本』

〈永岡書店〉

『就活で君を光らせる84の言葉』

〈ナナ・コーポレート・コミュニケーション〉

『15歳からはじめる成功哲学』

〈日本実業出版社〉

『「あなたから保険に入りたい」とお客様が殺到する保険代理店』／『社長！この「直言」が聴けますか？』／『こんなコンサルタントが会社をダメにする！』／『20代の勉強力で人生の伸びしろは決まる』／『人生で大切なことは、すべて「書店」で買える。』／『ギリギリまで動けない君の背中を押す言葉』／『あなたが落ちぶれたとき手を差しのべてくれる人は、友人ではない。』

最高に楽しむために20代で使ってはいけない100の言葉』／『20代で群れから抜け出すために顰蹙《ひんしゅく》を買っても口にしておきたい100の言葉』／『20代の心構えが奇跡を生む【CD付き】』

〈きこ書房〉

『20代で伸びる人、沈む人』／『伸びる30代は、20代の頃より叱られる』／『仕事で悩んでいるあなたへ 経営コンサルタントから50の回答』

〈技術評論社〉

『顧客が倍増する魔法のハガキ術』

〈KKベストセラーズ〉

『20代　仕事に躓《つまず》いた時に読む本』／『チャンスを掴める人はここが違う』

〈廣済堂出版〉

『はじめて部下ができたときに読む本』／『「今」を変えるためにできること』／『「特別な人」と出逢うために』／『「不自由」からの脱出』／『もし君が、そのことについて悩んでいるのなら』／『その「ひと言」は、言ってはいけない』／『稼ぐ男の身のまわり』／『「振り回されない」ための60の方法』／『お金の法則』／『成功する人は、なぜ「自分が好き」なのか？』

〈実務教育出版〉

『ヒツジで終わる習慣、ライオンに変わる決断』

〈秀和システム〉

『将来の希望ゼロでもチカラがみなぎってくる63の気づき』

〈祥伝社〉

『「自分の名前」で勝負する方法を教えよう。』

〈新日本保険新聞社〉

『勝つ保険代理店は、ここが違う！』

〈すばる舎〉

『今から、ふたりで「5年後のキミ」について話をしよう。』／『「どうせ変われない」とあなたが思うのは、「ありのままの自分」を受け容れたくないからだ』

〈星海社〉

『「やめること」からはじめなさい』／『「あたりまえ」からはじめなさい』／『「デキるふり」からはじめなさい』

〈青春出版社〉

『どこでも生きていける 100年つづく仕事の習慣』／『「今いる場所」で最高の成果が上げられる100の言葉』／『本気で勝ちたい人は やってはいけない』／『僕はこうして運を磨いてきた』

〈総合法令出版〉

『20代のうちに知っておきたい お金のルール38』／『筋トレをする人は、なぜ、仕事で結果を出せるのか？』／『お金を稼ぐ人は、なぜ、筋トレをしているのか？』／『さあ、最高の旅に出かけよう』／『超一流は、なぜ、デスクがキレイなのか？』／『超一流は、なぜ、食事にこだわるのか？』／『超一流の謝り方』／『自分を変え

■千田琢哉著作リスト（2020年6月現在）

〈アイバス出版〉

『一生トップで駆け抜けつづけるために20代で身につけたい勉強の技法』／『一生イノベーションを起こしつづけるビジネスパーソンになるために20代で身につけたい読書の技法』／『1日に10冊の本を読み3日で1冊の本を書く ボクのインプット＆アウトプット法』／『お金の9割は意欲とセンスだ』

〈あさ出版〉

『この悲惨な世の中でくじけないために20代で大切にしたい80のこと』／『30代で逆転する人、失速する人』／『君にはもうそんなことをしている時間は残されていない』／『あの人と一緒にいられる時間はもうそんなに長くない』／『印税で1億円稼ぐ』／『年収1,000万円に届く人、届かない人、超える人』／『いつだってマンガが人生の教科書だった』

〈朝日新聞出版〉

『人生は「童話」に学べ』

〈海竜社〉

『本音でシンプルに生きる！』／『誰よりもたくさん挑み、誰よりもたくさん負けろ！』／『一流の人生』／『大好きなことで、食べていく方法を教えよう。』

〈学研プラス〉

『たった2分で凹みから立ち直る本』／『たった2分で、決断できる。』／『たった2分で、やる気を上げる本。』／『たった2分で、道は開ける。』／『たった2分で、自分を変える本。』／『たった2分で、自分を磨く。』／『たった2分で、夢を叶える本。』／『たった2分で、怒りを乗り越える本。』／『たった2分で、自信を手に入れる本。』／『私たちの人生の目的は終わりなき成長である』／『たった2分で、勇気を取り戻す本。』／『今日が、人生最後の日だったら。』／『たった2分で、自分を超える本。』／『現状を破壊するには、「ぬるま湯」を飛び出さなければならない。』／『人生の勝負は、朝で決まる。』／『集中力を磨くと、人生に何が起こるのか？』／『大切なことは、「好き嫌い」で決めろ！』／『20代で身につけるべき「本当の教養」を教えよう。』／『残業ゼロで年収を上げたければ、まず「住むところ」を変えろ！』／『20代で知っておくべき「歴史の使い方」を教えよう。』／『「仕事が速い」から早く帰れるのではない。「早く帰る」から仕事が速くなるのだ。』／『20代で人生が開ける「最高の語彙力」を教えよう。』／『成功者を奮い立たせた本気の言葉』／『生き残るための、独学。』／『人生を変える、お金の使い方。』／『「無敵」のメンタル』／『根拠なき自信があふれ出す！「自己肯定感」が上がる100の言葉』／『いつまでも変われないのは、あなたが自分の「無知」を認めないからだ。』／『人生を切り拓く100の習慣』／【マンガ版】『人生の勝負は、朝で決まる。』

〈KADOKAWA〉

『君の眠れる才能を呼び覚ます50の習慣』／『戦う君と読む33の言葉』

〈かんき出版〉

『死ぬまで仕事に困らないために20代で出逢っておきたい100の言葉』／『人生を

著者紹介
千田琢哉（せんだ　たくや）
愛知県生まれ。岐阜県各務原市育ち。文筆家。
東北大学教育学部教育学科卒。日系損害保険会社本部、大手経営コンサルティング会社勤務を経て独立。コンサルティング会社では多くの業種業界におけるプロジェクトリーダーとして戦略策定からその実行支援に至るまで陣頭指揮を執る。のべ3,300人のエグゼクティブと10,000人を超えるビジネスパーソンたちとの対話によって得た事実とそこで培った知恵を活かし、“タブーへの挑戦で、次代を創る”を自らのミッションとして執筆活動を行っている。著書累計は330万部を超える（2020年6月現在）。
ホームページ：http://www.senda-takuya.com/

本書は、2013年９月にＰＨＰ研究所から刊行されたものである。

PHP文庫　好きなことだけして生きていけ
人生を後悔しないために必要な49の習慣

2020年6月18日　第1版第1刷

著　者　千　田　琢　哉
発行者　後　藤　淳　一
発行所　株式会社ＰＨＰ研究所
東京本部　〒135-8137　江東区豊洲5-6-52
ＰＨＰ文庫出版部　☎03-3520-9617(編集)
普及部　☎03-3520-9630(販売)
京都本部　〒601-8411　京都市南区西九条北ノ内町11
PHP INTERFACE　https://www.php.co.jp/
組　版　株式会社PHPエディターズ・グループ
印刷所　株式会社光邦
製本所　東京美術紙工協業組合

ISBN978-4-569-90027-8

PHP文庫

もう一度、仕事で会いたくなる人。

千田琢哉　著

「あなたと仕事がしたい」と言われる人は、どこが違うのか？　挨拶、時間術、マナー術など、プロだけが知っている仕事の極意を大公開。